KB201546

지옥의 문을 두드리는

자칭 그리스도인

The FAKE CHRISTIAN knocking at the Gates of Hell

he FAKE CHRISTIAN knocking at the Gates of Hell

지옥의 문을 두드리는 자칭 그리스도인

김승진 지음

사람의 영靈은 반드시 존재하며, 이 영spirit은 영원토록 삽니다. 사실 진짜의 사람은 영이지 육체가 아닙니다.

신교횃불

서 문

하나님의 마음, 하나님의 사랑

고대에는 수많은 사람이 여러 날, 혹은 여러 해를 두루 돌아다니면서 눈으로 직접 보고 경험해서 세상에 대한 정보를 수집할 수 있었습니다. 지금은 안방에서도 인터넷을 통해 단 몇 초 안에 세상 구석구석을 돌아다니며 생활에 필요한 정보나 세상이 돌아가는 정보를 수집할 수 있는 시대입니다. 고대에는 전혀 상상하지도 못한 일들이 지금은 과학의 급속적인 발달로 현실 안의 일이 되었습니다. 예를 들면 고대에는 삼층집을 짓는 것도 상당한 건축학적 기술을 필요로 했지만, 지금은 공기의 저항을 잘 견딜 수만 있다면 이백 층 건물을 짓는 것도 가능한 시대가 되었습니다. 고대에는 우주 정거장을 지어서 우주선 spaceship을 타고 우주를 여행하는 것이 상상 밖의 일이었으나, 지금은 이러한 상상이 현실이 되었습니다. 세상의 모든 것은 창조되었던 그 시대보다 확실히 발전하고 진보했습니다.

그런데 유독 사람의 생명의 길이는 오히려 창조시대나 고대시대보다 훨씬 짧습니다. 창세기의 역사를 보면 사람은 구백 년 이상을 살 수 있었습니다. 그런데 지금은 일백 살 정도 살면 많이 살았다고 표현합니다. 복제인간을 만들어 필요할 때 장기들을 이식받으면 더 오래 살 수 있다고 합니다. 기계가 고장나면 부품을 갈 듯 사람도 그렇게 해서 생명을 연장하는 시대입니다. 그렇지만 이것은 보이는 육체에 제한된 일입니다. 아무리 발달된 X-RAY 시스템이나 고성능 스캐너를 가지고도 볼 수 없는 것이 있습니다. 그것은 사람의 영과 혼입니다. 세상이 아무리 발달된 과학을 자랑해도 사람의 영과 혼을 일반적으로 볼 수 있는 시대는 오지 않으리라 생각됩니다. 이것은 제가 지금까지 얻은 짧은 지식의 결론이기도 합니다.

그런데 사람의 영靈은 반드시 존재하며, 이 영spirit은 영원토록 삽니다. 사실 진짜의 사람은 영이지 육체가 아닙니다. 사람의 육체가 연수를 다해 죽어 흙으로 돌아가도 그 안에 머물러 있던 영은 결코 죽지 않습니다. 동물은 영이 처음부터 존재하지 않았고 혼만 육체와 함께 존재하지만, 동물의 혼은 육체의 생명이 다하면 함께 소멸됩니다. 그것이 동물과 사람의 차이입니다.

영적인 눈을 뜨면 고성능 스캐너로도 볼 수 없었던 영을 느끼고 볼 수 있습니다. 영안靈眼이 열리면 과학이 증명할 수 없는 많은 일들을 느끼고 볼 수 있습니다. 영적인 것은 영으로만 알 수 있고, 볼 수 있습니다.

삼위일체 하나님은 사람을 영적 존재eternal being로 지으셨습니다. 그리고 사람을 그분의 자녀로서 영원토록 영이신 하나님과 교제를 나누며 살 수 있도록 창조하셨습니다. 사람은 이처럼 태어나면서부터 영원토록 하나님의 소중한 가족으로 선택받았습니다. 그 소중한 존재인 사람이 악한 영의 유혹에 넘어가 하나님으로부터 보장받은 영생의 약속Covenant of eternal life을 어겼습니다. 그런데도 사람은 끝내 자신들의 잘못을 인정하지 않았습니다. 그들은 오히려 서로에게 잘못을 책임 전가하며 뉘우칠 생각조차 회피했습니다. 그리고 더 큰 잘못을 계획하고 저지를 생각으로 동분서주했습니다. 그런 이유로 하나님은 사람과의 교제fellowship를 단절하셨습니다. 그 결과로 사람은 죽게 되었습니다. 이것이 (원)죄입니다. 그럼에도 불구하고 하나님은 여전히 그분의 자녀로 지음받은 사람을 사랑하십니다. 그리고 하나님은 죄인된 사람이 그분과의 교제를 회복하여 다시 영원토록 하나님 나라의 상속자로 살게 되길 여전히 고대하십니다. 이것이 사람을 지으신 하나님의 마음입니다.

이러한 하나님의 마음을 알게 되었으나, 더욱 자세히 표현할 수 없어 고민하고 있을 때, 삼위일체 하나님이신 성령께서 사람을 향한 그분의 사랑을 구체적으로 더 깊이 표현하게 하셨습니다. 그리고 이 글을 쓰게 하셨습니다. 하나님의 모든 것을 알아 쓴 글이 아니라 하나님의 사랑이 강권해서 보여주신 것만, 그것도 극히 제한적인 범위 안에서 하나님의 복음만 전하기 위해 이 글을 썼습니다.

　이 글을 통해 제가 체험한 하나님의 마음, 하나님의 사랑이 온전히 전해지길 바랍니다. 더 나아가 하나님의 구원 사역이 이미 하나님 나라에서 이루어진 것처럼 이 땅에서도 그대로 이루어지길 바랍니다. 이 글을 통해 하나님께서 사용하시는 영적 렘넌트remnant가 수없이 발견되길 바랍니다.

하나님의 복음지기

김승진

목 차

1장

교회공동체
무엇이 다른가?

1. 종교는 훌륭할 수 있으나
거기에 생명구원은 없다.

    종교는 기초적으로 논리를 근거로 합니다. 그래서 관심만 가지면 쉽게 이해가 됩니다. 그 가르침은 선과 악을 구별하게 만듭니다. 그리고 선을 선택하면 복이 있고, 악을 선택하면 보응이 있다고 가르칩니다. 종교는 마음을 잘 다스리는 법을 가르쳐서 사람 스스로가 더 높은 차원의 깨달음을 통해 더욱 업그레이드 된 생활을 살 수 있도록 돕습니다. 종교는 훌륭할 수 있습니다. 종교는 불완전한 사람에게 위안을 주고 더 나은 생활을 위해 올바르게 행동할 수 있도록 돕기도 합니다.

교회공동체는 종교가 아니다. 그래서 필요 없다?

    하나님이 사람에게 선택의 기회를 주셨기에 당신도 선택의 자유를 누릴 수 있습니다. 그렇지만 선택에 따르는 결과와 그 책임은 사람 자신에게 있습니다.

　종교는 당신이 괜찮은 사람으로 살아갈 수 있도록 분명한 가르침을 줍니다. 그러나 죽음 이후의 삶에 대해서는 모든 종교가 모호하게 가르칩니다. 죽음 이전 이편의 삶은 분명하게 가르치는데, 죽음 이후 저편의 생명에 대해서는 분명한 일치를 발견하기 어렵습니다. 육체가 죽으면 영혼이 소멸된다고 가르치는가 하면, 행위를 바르게 산 사람은 막연히 좋은 세계에 가고, 행위가 바르지 못한 삶을 산 사람은 저급한 동물세계로 환생하여 고통 속에서 수행하게 된다는 가르침을 주기도 합니다. 조금 더 나은 종교는 신神, god의 존재를 분명히 제시하고, 행위의 정도degree of action에 따라 구원받을 수 있음을 강조합니다. 그 반면 교회공동체는 죽임 이후의 삶에 대해 정확히 가르칩니다.

모든 행위로는 구원이 불가능하다.

　사람의 행위가 완전할 수 있다면 그 사람은 더 이상 사람이 아니라 어떤 형태이든 신god입니다. 잡신의 형태이든 혹은 우상을 이루는 형태이든 신이 아니면 행위로는 완전할 수 없습니다. 이 논리에 따르면 일반 종교에는 구원도 없고 신도 필요 없게 됩니다. 왜냐하면 자신이 노력하고 수고하여 신神으로 등극하면 모든 문제가 해결되기 때문입니다. 그렇다면 사람은 자신의 노력 여하에 따라 신도 될 수 있고, 사람도 될 수 있고, 또 다른 저급한 세계의 존재도 될 수 있다는 논리가 통하게 됩니다.

결국 행위를 통해서 구원을 얻을 수 있다고 생각한다면, 그 사람은 자신의 존재 위치를 정확히 모르거나, 자신의 능력을 과신하는 것입니다. 행위를 통한 구원은 분명한 한계를 드러냅니다. 그리고 이러한 구원은 그 기준이 분명한 것 같지만 너무 느슨하여 끝내 이 땅에서 행위를 통해서는 구원을 이루기가 어렵다는 결론에 도달하게 됩니다. 마귀와 그 세력은 행위로 구원을 완성할 수 있다고 가르치는 종교는 거들떠보지도 않습니다. 행위로 구원이 가능하다고 주장하는 종교와 그 숭배자들은 언제나 마귀 세력과 연합하여 더 깊은 악한 영의 세계로 초대되기 쉽습니다. 그리고 그들은 마귀 세력에게 흡수되는 경향이 높습니다.

마귀의 두통거리가 되고 싶지 않은가?

마귀와 그 세력은 사람보다 훨씬 높은 영적 차원의 존재입니다. 마귀는 상대가 저급하거나 능력이 부족해 자신에게 위협이 되지 않으면 거들떠보지도 않습니다. 지금 당신이 마귀 세력에게 무시당해서 그들에게 별 위협적 존재가 되지 못한다고 낙인이 찍힌 상태라면 자존심이

상하지 않습니까? 주변 다른 사람에게 조금만 무시당해도 안절부절, 얼굴이 홍당무가 되고 머리에는 화뿔이 열두 개 이상 들어왔다 나갔다 하면서도, 지금 마귀 세력에게 관심거리조차 되지 못하여 무시당하는 사람이 되었는데 기분이 괜찮으십니까?

편견을 버려야 더 큰 것을 볼 수 있다.
세상에 틀린 것은 없다. 단지 수준의 차이가 있을 뿐이다.

에디슨Thomas Alva Edison, 1847-1931, 미국의 발명가은 **학업수행능력** 부족 판단을 받아 정상적인 학교수업을 받을 수 없었습니다. 선생님은 그를 학교 교육의 틀에서 판단한 것입니다. 선생님이 틀린 판단을 한 것은 아닙니다. 그러나 그를 보는 깊은 수준과 안목이 없었습니다. 그런데 그의 어머니는 달랐습니다. 그를 격려하며 그의 가능성을 버리지 않았습니다. 물론 그의 어머니의 인내와 격려는 인간 본능적 행동에서 시작된 것임을 부인하지 않습니다. 그렇지만 그 본능적 행동도 인내심을 저버리면 오래 지속되지 않습니다. 에디슨의 선생님과 어머니의 행동은 둘 다 틀리지 않았습니다. 단지 사람을 보는 시각에 차이가 있었을 뿐입니다.

에디슨의 어머니는 단순히 부모의 시각을 뛰어넘어 그의 미래를 보았습니다. 세상의 가정에선 오히려 부모의 일방적인 편견으로 자녀의 생애가 일그러지고 고통받는 경우도 흔합니다. 어떤 경우 마흔 살이 넘어서 자기 달란트에 맞는 새 생활을 시작하는 사람도 적지 않습니다. 가장 가까운 사람들의 일반적인 편견은 더 깊고 넓고 높은 것을 보지 못하는 가림막으로 작용합니다.

헬렌 켈러Helen Adams Keller, 1880-1968는 시각장애, 청각장애, 언어장애를 가지고 있었습니다. 그렇지만 설리번Anne Sullivan Macy, 1866-1936 선생은 그녀를 보는 시각이 다른 사람과 달랐습니다. 정확히 말하면 헬렌 켈러를 보는 그녀의 안목과 수준이 다른 사람과 달랐습니다. 그리고 그녀의 높은 수준의 이해력과 인내력이 헬렌 켈러를 더 높은 수준의 사람으로 성장시켰습니다.

사물을 보는 당신의 시각은 편견에서 벗어나 있는가?

만약 종교의 수준에서 바라보면 기독교, 즉 교회공동체는 수준이 낮아 보입니다. 왜냐하면 영적 세계에 대한 가르침이 분명한 대신 그 영적 세계, 즉 하나님 나라에 들어가는 방법이 쉽고 독선적일 만큼 단순하기 때문입니다. 그리고 생명구원에 관한 한 교회공동체는 타협이 없습니다. 영적 세계를 분명히 제시하고 가르치지만, 그 세계에 이르는 방법은 타협이 아니라 **분명한 믿음**으로, 행위가 아니라 죄사함과 거듭남을 강조하기에 오히려 가볍게 보이고 수준이 낮은 종교관으로 보일 수 있습니다. 어떤 사람들은 교회공동체에는 구원에 이르는 방법에 논리가 없다고 말합니다. 보는 시각의 수준이 그들을 그렇게 만든 것입니다. 믿음은 논리보다 수준이 훨씬 높기에 이해하기 어려운 것입니다. 교회공동체를 종교로 본다면 그런 사람들의 말도 부인하지 않겠습니다. 그런데 교회공동체를 종교로 보는 편견, 즉 기독교에 대한 편견에서 벗어나 강력한 믿음에 사로잡히면 당신은 더 큰 것을 볼 수 있습니다.

2. 보는 시각의 수준 차이로 발생한
초대교회의 이단들

초기 교회공동체는 같은 마음을 품었으나 이해력 부족으로 이단들이 나타났습니다. 이단들은 처음부터 이단heresy or faction이라는 언어에 함몰되지 않았습니다. 오직 바르게 보고 깨닫고자 교회공동체에 들어와 자리를 잡으려 했습니다. 그러나 그들은 믿음이 아닌 깨달음understanding이나 신비적 직관 또는 영적 지식gnosis으로 하나님 나라를 보려 했습니다. 이성으로 이해가 되지 않는 것을 공부하여 깨닫고 싶어 했습니다. 그러다 깨달음이 부족하면 신비적인 것으로 몰고 갔고 끝내 왜곡된 결론을 내리면서 이단들은 교회공동체와 마찰을 빚게 되었습니다.

영지주의

영지주의Gnosticism는 깨달음을 통해 통찰력을 갖고 비밀스런 지식

gnosis을 얻어 구원에 이른다고 가르쳤습니다. 그러기에 믿음으로 하나님의 복음을 믿는 것은 가짜 지식으로 여겼습니다. 영지주의자들은 창조주 하나님과 구속자 하나님을 다른 분으로 분류했고, 우리가 사는 세계를 아주 저급한 실체로 여겼습니다. 그리고 사람의 육체는 악한 것으로 생각했습니다. 그러기에 예수 그리스도가 육체를 입고 현실 세계에 오신 것을 인정하지 못하여 가현설假現說, Docetism을 강력히 주장했습니다. 그들은 그리스도 예수의 육체는 실제가 아니라 단지 환상 가운데 보였을 뿐이라고 가르쳤습니다. 결국 그들은 그리스도 예수의 인성(人性)을 부인했습니다. 영지주의자들은 육체가 저지른 모든 죄는 큰 의미를 부여하지 않았습니다. 왜냐하면 실제적인 구원은 영적인 영역에서만 존재한다고 인식했기 때문입니다. 이런 차원에서 구원파 사람들이 한 번 회개 후, 육체가 저지른 허물과 죄에 대해 관대한 것은 영지주의의 영향입니다. 영지주의는 진리에 대한 접근에 있어서 헬라의 철학적이고 신비주의적이며 직관적이고 주관적이며 내면적인 접근에 그 바탕을 둡니다. 그들은 인본주의적인 신비한 깨달음의 지식 gnosis을 통해 구원에 도달할 수 있다고 인식했습니다.

마르시온주의

마르시온주의Marcionism는 창조의 신神, God과 구원의 신神, God을 구분하였으며, 육체로 사는 물질세계를 수준이 낮은 아주 열등한 것으로 간주했습니다. 구약의 하나님은 무지와 분노와 복수심 강한 창조의 신으로만 여겼습니다. 그 반면 예수 그리스도가 말하는 신약의 신神은 우주적 구원자 그리스도를 보내신 분으로 높이 평가했습니다. 그들은 삼위일체 하나님을 정확히 이해하지 못해서 발생한 교리적 실수를 저질렀습니다. 더욱이 그들은 육체로 오신 예수 그리스도의 인성人性을 부인하여 영지주의와 함께 가현설假現說, Docetism을 주장했습니다. 하나님의 적극적인 사랑의 메시지를 신적으로만 해석하려 했습니다. 마르시온과 그 추종자들은 바울의 10개 서신과 누가복음 편집본만 정경으로 인정하고 받아들였습니다. 그들은 사도 바울을 극단적으로 신봉했으며 예수의 다른 제자들은 사도로 인정하지 않았습니다. 그들은 초대 교회공동체와 연합을 이루기보다 어린아이처럼 자신들의 논리와 주장만 늘어놓고는 수 세기 정도를 버티다 사라졌습니다.

몬타누스주의

몬타누스주의Montanism는 예수 그리스도의 다시 오심이 지연되어 신앙의 열기가 가라앉자 교회공동체의 종말론적 긴장을 다시 고조시키기 위해 성령의 특별한 계시를 강조했습니다. 몬타누스주의자들은 영지주의나 마르시온주의자들과는 확연히 달라 창조주 하나님과 구속자 그리스도 예수를 같은 신God으로 인정했습니다. 그런데 몬타누스 개인의 특별계시를 너무 신봉했고, 종말사상에 깊이 젖어들어 일반인들의 결혼을 금지하는가 하면 엄격한 금욕생활을 강조하여 오히려 건전한 신앙생활을 방해했습니다. 그리스도인들은 세상의 일에서 해방되어 모某예비처인 페푸자Pepuza (Greek: Πέουζα Pepouza) was an ancient town in Phrygia, Asia Minor로 모여 임박한 종말을 대비해야 한다고 가르쳤고, 심지어 순교까지 장려했습니다. 그들은 '시한부 종말론'을 주장하여 초대 교회공동체 사람들의 믿음을 혼란스럽게 흔들어 놓았고, 지나친 신비적 체험을 강조한 나머지 정경화된 하나님의 말씀을 등한시하거나 영적 체험보다 가볍게 여겼습니다.

에비온주의

에비온주의Ebionism는 유대교에서 전도된 유대파 그리스도인들 가운데 자신들을 '에비온Ebionites, 가난한 자'라 부른 데서 시작되었습니다. 그들은 유대교에서 교회공동체로 전도되었지만 여전히 율법의 준수를 강력히 주장하였습니다. 그리고 끝내 율법과 유대인의 전통 위에 교회공동체를 이식시키려고 했습니다. 그들은 하나님의 복음이 강조되어 믿음으로 구원을 이루기보다는 율법을 얼마나 잘 준수했는가에 초점이 맞추어 구원을 평가하고 판단했습니다. 그들은 사도 바울이 그리스도 예수의 직접적인 제자가 아니라는 이유로 바울의 사도직임을 부인했습니다. 그러기에 그들은 바울의 서신도 모두 부인했습니다. 또 예수 그리스도의 동정녀 탄생을 부인하였고, 예수께서 요셉의 아들로서 태어난 후에 세례(침례)를 받으실 때 하나님이 메시아로 선택했다고 주장하여 교회공동체에 나쁜 영향을 미쳤습니다.

초대 교회공동체 안의 이단은 교회공동체를 불편하게도 했지만 오히려 성경의 정경화 작업을 속히 부추겼고, 교회공동체가 어떻게 진리를 지켜나가야 할지 깊은 고민 속에서 희망의 아침을 맞을 수 있었습니다. 교회공동체를 불편하게 만든 이단들의 주장은 하나님의 복음을 보는 수준이 남달랐지만, 업그레이드되지 못해 발생한 영적 무지의 결과입니다.

3. 교회공동체는 종교가 아니다.

보는 수준의 차이difference in level**가 결과를 만든다.**

기독교로 분류되는 교회공동체는 종교가 아닙니다. 교회공동체는 계시이자 예언이며 말씀입니다. 그리고 하나님은 지금도 그분과 교제를 나누는 기쁨을 가진 사람들에게 말씀을 통해 계시하시고 예언을 주십니다. 종교는 수준이 높다고 생각하는 사람이 깊은 수행을 통해 이룬 것을 알기 쉽게 설명하므로 그것을 따르도록 가르칠 뿐입니다. 그리고 궁극적으로 수행하는 자신이 신의 경지에 오르거나 신이 살고 있는 세계에 동참하는 것을 설명하려고 합니다. 이것은 좋은 가르침이지만 가능한 일이 아닙니다. 이 부분에서 당신은 냉철해져야 합니다. 무엇이든 전체를 보고 부분을 볼 수 있어야 합니다. 숲을 먼저 파악하고 몇 그루의 나무의 생태를 연구하면서 그 숲의 지질 및 생태구조를 연구하는 방법이 바람직합니다. 우주와 지구의 부분 속에서 작은 것을 발견하면 성취감은 클 수 있으나, 전체 앞에서 그것이 너무 왜소해 보이든지 아니면 불필요한 깨달음이 된다면 속히 정리해야 합니다. 부분적으로 완전하다고 판단한 일들이 전체와 어울리지 못할 때 오히려 그 연구는 걸림돌이 될 수도 있습니다. 마찬가지로 4차원 혹은 그 이상의 세계는 전체를 체험하고 그 윤곽을 잡은 후에 부분을 이해하는 것이 훨씬 중요합니다.

교회공동체는 온 우주를 창조하신 하나님 곧 당신의 아버지가 집을 나간 자녀를 기다리는 사랑으로 바라보는 관계회복의 초점으로 모든 것을 풀어나갑니다. 그리고 관계회복은 모든 것을 포함합니다. 영원한 생명, 하나님 나라의 상속, 먹는 문제, 입는 문제(마 6:33)조차도 여기서 출발하기 때문에 그 범위는 명확할 수밖에 없습니다.

구원받을 사람은 이미 예정되어 있다?

어느 한 사람이 주장하는 예정론적 구원의 교리가 마치 성경 전체의 가르침으로 강조되는 것은 오히려 세상을 구원하시려는 하나님의 절대순수성을 해칠 수도 있습니다. 이미 구원받은 사람에 대하여 단순한 생각의 차원에서 판단해 보면, 예정 받은 구원의 사람은 속이 편할 수 있지만, 궁극적으로 예정에서 벗어난 사람의 입장에서는 불특정 소수일지언정 예정론은 참 불편한 주장입니다. 예정론의 궁극적인 목적은 하나님의 절대주권the absolute sovereignty of God을 인정하는 것입니다. 이 점에서 이것은 의미 있는 교리입니다. 그러나 성경적 하나님의 복음에 비추어보면 이 교리도 약간의 보완complement이 요구됩니다. 하나님의 선택, 즉 '구원예정'은 구원의 확실성을 강조하기 위한 주장임에 적극적으로 동의합니다. 그러나 반대로 하나님의 은혜에 비추어보면 하나님의 유기, 즉 '정죄예정'은 너무도 불안한 주장이 될 수도 있습니다. 왜냐하면 하나님은 불특정 소수일지라도 여전히 사랑하시고 하나님의 은혜 안으로 들어오길 바라시기 때문입니다.

예를 들어 누가복음 15장의 잃어버린 아들Prodigal son의 비유에서 보면 아버지는 끝까지 그 아들이 타락한 길에서 돌아오길 기다리고 계셨고, 결과적으로 그 아들은 돌아왔습니다. 그런데 이 아들이 구원 예정된 아들이라고만 주장하면 너무도 교리적이거나 율법적인 해석이 될 수 있습니다. 이 타락한 아들이 '정죄 예정'에 속한 아들인데 하나님의 은혜를 깨닫고 돌아온 아들이 될 수도 있습니다.

성경은 하나님의 복음을 받아들이는 사람(들)은 '누구든지' 구원을 얻는다고 말합니다(욜 2:31; 마 6:25; 막 8:35; 눅 9:24; 요 10:9; 행 2:21; 롬 10:13; 고전 3:15; 딤전 2:4; 딛 2:11; 요일 5:16). 예정적 구원론은 하나님의 절대주권을 인정하기 위해 주장한 교리입니다. 이런 면에서 이 교리는 훌륭합니다. 그런데 하나님의 주권과 은혜를 침해할 수 있는 요소가 작은 부분에서나마 발견된다면 이제 그 교리의 작은 부분만큼은 다시 성경

말씀 안으로 돌아가면 됩니다. 왜냐하면 성경은 이 모든 것을 연합시키는 능력이 있기 때문입니다. 부분적인 해석 혹은 부분적인 가르침이 그 자체로는 바르고 정당한 것일지라도 성경 전체에 나타난 일관된 하나님의 사랑에 위배되거나 일부분이라도 하나님의 복음에 대해 불편한 교리가 된다면 그것은 수정되어야 마땅합니다. 부분적으로 미흡한 이 교리가 수정되고 보완된다면 더욱 높은 수준의 가르침이 됩니다.

또 다른 한 사람의 가르침에 따르면, 피조물인 사람은 하나님의 은혜와 사랑에 자발적으로 응답할 수 있는 능력을 가지고 있고, 죄의 노예 상태에서 벗어나 자유의지에 따라 하나님의 사랑에 응답할 수 있다고 가르칩니다. 사람의 부패성보다 하나님의 사랑이 더 크고 위대함을 가르치는 훌륭한 교리입니다. 그럼에도 불구하고 죄의 뿌리(골 3:5, 음란 부정, 사욕, 악한 정욕, 탐심)를 온전히 제거하지 않은 사람의 자유의지는 완벽하지 못하며 안정적이지 않습니다. 하나님과 피조물인 사람이 협동하는 합리적인 구원관(물론 하나님께서 주도적으로 이끌어 가시는 사역 아래서 피조물인 사람의 반응으로써 복음적 협동임을 안다)은 자칫 작지만 부분적인 오해를 불러일으켜 하나님의 절대주권을 해칠 수도 있습니다. 하나님께서 사람에게 부여한 자유의지를 지나치게 강조한 나머지 예정적인 하나님의 부르심과 그분의 절대주권을 조금이라도 소홀히 여긴다면 그것도 불편한 요소이기에 보완되어야 합니다.

어떤 종교단체는 단 한 번 회개로 죄사함을 받은 후, 믿음의 고백을 따라 거듭나 의인justification이 되고 나면, 육체의 실수로 인한 뉘우침을 가질 수 있어도, 두 번 다시 회개할 필요는 없다고 가르칩니다. 이러한 그들의 교리는 사람들에게 개별적인 신앙의 위로는 될 수 있으나, 정통 교회공동체 안에서 들여다보면 하나님의 대속과 그 은혜의 가치를 떨어뜨리는 수준이 낮은 주장입니다.

그러므로 사람의 가르침보다 성경이 가르치는 생명구원의 복음을 따르는 겸손함이 우리에게 절실히 필요합니다. 세속주의 신앙에서 비롯된 마귀 세력의 간악하고 철저한 계획에 속아 넘어가지 않도록 우리는 올바른 성경적 구원을 말할 수 있어야 합니다.

(1) 짝퉁 그리스도인

교회공동체 안에는 자칭 그리스도인이 많습니다. 5년, 혹은 10년 혹은 20년 혹은 40년의 연수를 자랑하면서 교회공동체의 버팀목 역할을 해온 사람이 많습니다. 그리고 교회공동체의 모든 교리와 치리를 두루 알고 배워서 종교인으로서는 손색없는 사람이 참 많습니다. 그런데 의

외로 죄를 온전히 깨닫지 못해서 죄의 결과물(허물)만을 자백한 후에 믿음고백을 했다고 생각하는 자칭 그리스도인이 많습니다. 또 죄사함의 확인 없이 전도하는 사람의 '절반의 복음제시'만 여과 없이 받아들여 깨달아 알게 된 예수를 믿음으로 그리스도인 되었다고 생각하는 반쪽 혹은 짝퉁 그리스도인들도 의외로 많습니다. 우리는 성령의 감동 없이도 철저한 교리교육을 통해 깨달은 사실을 통해서 논리적으로 고백한 사실을 믿음으로 착각할 수도 있습니다. 논리로 깨달아 알게 된 복음은 소위 짝퉁 믿음고백을 낳습니다.

(2) 구원파의 실수

구원의 과정을 어설프게 설명하고 나서도 생명구원을 확실하게 선언하는 구원파의 주장이 있습니다. 그들은 복음을 믿음이 아닌 '깨달아 앎'으로 구원에 이른다고 가르칩니다. 그들은 죄에 대한 회개와 용서는 단번에 이루어지는 것으로 강조합니다. 구원파는 예수께서 십자가의 죽으심으로 피조물인 사람의 속죄redemption가 이루어지고 영원한 생명을 얻게 된다는 복음good news을 **깨달을 때** 구원이 완성된다고 믿습니다. 이 깨달음 이후, 두 번 다시 회개하지 않아도 된다고 가르칩니다. 그래서 그들은 두 번 다시 회개하지 않기 위해 구원받은 날과 시간을 매우 중요하게 여깁니다. 그리고 그것을 아는 것을 면죄 받은 보증서Exempted certificate처럼 생각합니다. 구원파는 회개는 오직 한 번만 필요하며, 그 이상의 회개는 하나님을 신뢰하지 않는 행위라고 가르칩니다. 그들은 오직 한 번만의 회개로 자신들이 '온전한 의인the perfect righteous'이 되었다고 착각한 것입니다. 그들은 한 번 구원받은 사람은 육체가 타락해도 여전히 구원받은 상태에 있다고 믿고 있습니다.

> 우리가 항상 예수의 죽음을 몸에 짊어짐은 예수의 생명이 또한 우리 몸에 나타나게 하려 함이라 11 우리 살아 있는 자가 항상 예수를 위하여 죽음에 넘겨짐은 예수의 생명이 또한 우리 죽을 육체에 나타나게 하려 함이라
>
> (고후 4:10-11)

이들은 구원의 시작을 어설프게 이해했고, 구원을 완성해 가는 과정도 잘못 이해하고 있습니다. 이런 사람은 성경을 보는 편견에서 하루속히 벗어나야 합니다. '성장해서 구원을 이루라(벧전 2:2)'는 하나님 말씀을 무시하는 결과입니다. 결국 구원파의 교리는 성경의 구원의 가르침으로부터 위배되기 때문에 이단입니다. 구원은 믿음으로 시작합니다. 다시 강조하지만, 구원은 행위나 깨달음이 아니라 믿음으로 출발합니다. 그리고 진정한 구원은 단 일회적인 회개로 완성되는 것이 아니라 육체의 호흡이 멈출 때까지 성장하고 성숙해져서 믿음의 행위

로 완성됩니다.

(3) 세속주의 신앙Nicolatians, 니골라당

교회공동체도 세상의 민주주의 방식을 도용하여 세속화되고 있습니다. 초대교회에서는 성직자 계급제도가 니골라(초대교회 일곱 명의 집사 중 한 명)당에 의해 실행되었습니다. 그것을 타락한 교회에서 가르치더니 급기야 지금의 프로테스탄트 교회도 이 계급제도를 공공연히 가르치면서 따르고 있습니다. 교회공동체는 조직체가 아니고 유기체(생명체)입니다. 교회공동체는 건물이나 조직이 아닙니다. 예수를 주님과 그리스도로 고백하는 당신이 교회입니다. 교회들이 모여 공동체를 이룹니다. 교회공동체는 성령의 은사가 통용되어 서로 연합하는 유기체적 공동체입니다.

그런데 교회공동체 안에 민주주의 방식이 들어와서 다수결로 모든 것을 결정하게 되었습니다. 또 계급제도가 교회공동체 안에도 자리를 잡아 서로 먼저 대접받는 자리에 앉고자 합니다. 계급제도는 하나님이 원하시는 교회공동체의 모습에서 멀리 벗어나 있습니다. 계급제도는 결국 교회공동체를 병들게 합니다. 이러한 세상의 방식은 성령의 지시를 따르는 소수자(렘넌트)가 악한 영의 지시에 따르는 여러 사람에게 사역의 주도권을 빼앗기기 쉽고, 결국 이 민주주의 제도방식에 의해 모든 교회공동체 사역이 하나님의 사역에서 멀어지게 됩니다. 악한 영은 교회공동체의 구조를 자신이 쉽게 조정, 관리할 수 있는 세상의 민주주의 방식으로 전환시켜 놓았습니다. 민수기 22장에서 시작된 예언자 발람은 모압 왕 발락의 요구에 따라 하나님의 영으로 영분별 없이 하나님과 하나님의 백성에게 저주하려 했습니다. 발람은 물질과 사람에게 얽매여 하나님이 하시는 구원의 일을 방해하려 했던 것입니다. 더욱이 발람은 하나님의 백성에게 우상숭배와 음행을 가르쳐서 그들을 타락하게 만들었습니다.

초대교회에서 수고를 아끼지 않던 니콜라 집사도 한 번 회개한 사람이 물질과 사람에게 얽매여 음행과 우상숭배를 병행하는데도 그것을 방치했습니다. 더 나아가 육체가 타락해도 한 번 회개하고 이미 구원받은 영혼의 구원은 여전히 유효한 구원으로 가르쳤습니다. 구원의 이러한 신앙형태는 그리스도 예수께서 가장 미워하신다고 말씀하셨습니다(계 2:15-16).

> 그러나 네게 두어 가지 책망할 것이 있나니 거기 네게 발람의 교훈을 지키는 자들이 있도다 발람이 발락을 가르쳐 이스라엘 자손 앞에 걸림돌을 놓아 우상의 제물을 먹게 하였고 또 행음하게 하였느니라 15 이와 같이 네게도 니골라 당의 교훈을 지키는 자들이 있도다 16 그러므로 회개하라 그리하지 아니하면 내가 네게 속히 가서 내 입의 검으로 그들과 싸우리라
> (계 2:14-16)

4. 구원은 공짜가 아니다.

구원은 하나님의 선물입니다. 그렇지만 구원은 공짜free가 아닙니다. 사람이 죄사함을 받아 하나님과의 영적 관계가 회복되면 하나님의 사랑이 그 사람 안에서 빛과 능력으로 회복됩니다. 하나님은 성경이 예언한 대로 그 아들 예수 그리스도의 죽으심을 통해 사람들에게 온전한 죄사함을 주셨고, 또 그 아들 예수 그리스도의 부활하심을 통해 죽음의 세력을 온전히 제압하셨습니다. 이제 구원 받아 이 세상의 리더십을 가진 사람은 의지와 감정과 마음이 연합하여 영적 생명을 회복하는 결단이 필요합니다. 이 과정에서 사람은 마귀 세력과 피 흘리는 영적 결투를 해야 합니다. 어떤 경우에는 그들의 방해가 구체적이고 심해서 포기하는 지경까지 이를 수 있습니다. 마귀 세력은 사람이 무슨 일을 하든 평소에는 별 관심을 갖지 않습니다. 그러다가 사람이 그리스도 예수의 이름을 입에 올리기 시작하면 그 사람을 주목하기 시작합니다. 때론 교회에 출석하는 것까지는 용납하기도 합니다. 그러다 하나님의 복음을 정확히 듣고 죄를 알면 방해하기 시작합니다.

사람이 하나님의 복음에 대한 귀가 열려서 마귀 세력에게 두통거리가 되기 시작하면 악한 영은 노여움, 격분, 사악, 훼방, 더러운 말을 사람으로 하여금 입으로 토해내게 합니다. 이런 요소들은 죄를 혼과 육체 속으로 불러들이는 역할을 합니다. 그리고 이것은 죄만큼이나 사람을 병들게 합니다. 마귀 세력은 사람이 하나님과 관계 맺는 것을 결코 묵인하지 않습니다. 죄사함과 거듭남으로 생명구원이 고백되어지기까지는 아직도 사람의 마음이 마귀에게 속해 있기 때문에 악한 영들은 사람의 행동을 쉽게 조종할 수 있습니다. 예를 들면 복음을 들으려고 하면 이상한 일을 일으킵니다. 악한 영들은 우리의 자녀문제, 배우자의 문제, 물질의 문제, 건강의 문제를 들추어내어 관심을 그쪽으로 유도합니다.

이럴 때 우리는 악한 영의 활동에 속지 말아야 합니다. 진정 큰 결단을 한 번 내려야 할 때가 도래합니다. 그때 우리는 그 어려운 고비를 믿음으로 잘 넘겨야 합니다. 우리는 개인적인 피해가 커서 때론 그 값을 엄청나게 지불할 수도 있습니다. 하나님은 악한 영에게 유혹당해 넘어가는 사람을 직접 간섭하지 않고 그 사람이 혼soul의 결정을 통해 스스로 하나님을 향하여 빠져 나아오기를 기다리십니다. 그만큼 하나님은 사람의 마음, 감정, 그리고 의지를 존중해 주십니다. 고민해 보십시오. 하나님께서 능력이 부족하셔서 사람의 생명을 마귀 세력이 갈취해 가도록 그냥 방치하실까요? 결코 그러실 분이 아닙니다. 하나님은 사람의 영spirit과 교제를 나누기 원하십니다. 하나님께서는 사람을 영혼과 육체로 창조하시면서 혼과 육체의 연합체로서 마음이 영spirit의 지시를 받아 하나님을 잘 섬길 수 있도록 온전한 존재 perfect being로 만드셨습니다. 하나님은 사람을 감정이나 영이 없는 로봇, 즉 기계인간으로 만들지 않으셨습니다. 이것은 사람이 귀중한 존재임을 단적으로 보증 받는 실례입니다.

여기서 한 가지 점검해야 할 사실이 있습니다. 악한 영들도 사람의 혼이 영의 활동을 인정하고 하나님께 되돌아가는 것을 방해할 수는 있지만, 가로막을 수는 없습니다. 그러므로 생명도 죽음도 결국 사람이 선택하는 것입니다. 좀 더 구체적으로 표현하면 타락한 이후에 영의 활동이 마비된 사람은 생명도 죽음도 그 혼soul의 선택으로 결정됩니다. 그러기에 성경은 예정론과 자유의지론이 연합된 구원을, 또 깨달음이나 행위가 아닌 믿음의 구원을 가르칩니다.

예수 그리스도의 죽으심과 부활은 값을 설정할 수 없는 엄청난 가치를 지니고 있습니다. 개인이나 인류 전체를 향한 생명구원은 그리스도 예수를 통해서 이미 보장받았습니다. 그러므로 하나님의 형상 따라 지음받은 사람이 자신의 의지와 감정, 그리고 마음이 연합되어 하나님과 단절되었던 관계를 회복하고 그분의 죄용서를 받아들인 후에 예수 그리스도를 임금the Lord과 그리스도the Savior로 고백하면 모든 사람을 향한 생명구원의 약속은 바로 개인 구원의 사건으로 전환됩니다. 하나님의 구원 언약은 이렇게 당신 안에서 성취됩니다.

| 2장 |

교회공동체 구원,
이렇게 시작한다

1. 회개를 통해 죄사함을 받으라

회개에 대한 착각

일반적으로 사람들은 회개悔改가 잘못된 언어와 행동에 대해서 고백하는 것으로 착각합니다. 그러나 그것은 죄의 결과를 고백하는 것뿐이지 진정 죄를 고백한 것은 아닙니다. 이것을 허물이라고 말하는데, 허물을 고백해서는 진정으로 죄를 용서받지 못합니다.

그렇다면 무엇을 회개해야 합니까? **죄를 회개해야 합니다.**

성경에서 말하는 '죄'란 무엇입니까?

'하나님과의 교제가 단절되어서 하나님의 사랑을 잃어버린 채 살아온 것'이 죄罪, sin입니다. 하나님은 영이십니다. 그리고 사람은 영적 존재로 지음을 받았습니다. 그런데 인류의 대표로 지음받은 아담과 하와가 그들의 혼soul의 결정적인 실수로 인해 악한 영의 유혹에 넘어가 하나님이 아닌 자신을 기준으로 선과 악을 구분하게 되었고, 숨고, 두려워하고, 책임전가하며 하나님의 사랑을 아예 잃어버렸습니다(창 3:8-13). 하나님의 사랑을 잃고 스스로 사랑할 수 있다고 오판한 그 결과로 사람은 미움을 알게 되었고, 시기하고, 질투하고, 완악해지고, 교만하며, 무례히 행동하게 된 것입니다. 자기의 유익을 먼저 생각하고, 격분을 일으키고, 악한 것을 먼저 생각했습니다. 불의를 보고 동조하고, 인내하지 못한 채 의심이 가득하여 다른 사람을 용납하지 못하게 되었습니다. 나쁜 언어를 통한 훼방과 탐심이 마음속 깊이 자리 잡게 되었습니다. 그렇게 되자 사람은 악한 영의 유혹, 억압, 이간, 무력, 공포, 분열, 굴복시킴에 쉽게 노출되어 무너진 행동을 거리낌 없이 저지르게 됩니다.

이 악에 속한 모든 일은 '하나님의 사랑을 잃어버리고 살아온 결과'입니다. 그러기에 죄의 결과를 자백하기 전에 하나님과의 교제가 단절된 후 하나님의 사랑을 회복하지 못한 것에 대하여 회개해야 합니다. 우리가 하나님의 사랑에 목말라하지 않은 것을 회개해야 합니다. 그렇게 되면 죄로 인해 파생된 결과적인 모든 불의, 즉 노여움, 격분, 사악, 훼방, 입에 담기에도 더러운 말은 자동으로 영의 감동을 통해 자백됩니다.

만일 우리가 우리 죄를 자백하면 그는 미쁘시고 의로우사 우리 죄를 사

하시며 우리를 모든 불의에서 깨끗하게 하실 것이요 10 만일 우리가 범죄

하지 아니하였다 하면 하나님을 거짓말하는 이로 만드는 것이니 또한 그

의 말씀이 우리 속에 있지 아니하니라 (요일 1:9-10)

자신에 대하여 불쌍하고 측은한 감정을 가져본 기억이 있으십니까?

단순히 사는 것이 초라해서 자신을 불쌍히 여기시지 않으셨습니까?

모든 것을 소유해보니 '이것 때문에 그렇게 치사할 정도로 오기를

부리며 달려온 것인가?' 하는 생각이 들고 허무해져서 자신을 불쌍히

여기신 일은 없으십니까?

사람은 본래 하나님의 형상을 따라 지음받았습니다. 하나님은 그

분께서 사람을 창조하신 후에 무척 만족해하셨습니다. 그만큼 사람

은 하나님의 최고의 걸작품입니다. 하나님의 형상이란 곧 영적 형상을

말합니다. 코를 통해 영을 넣어주시니 사람이 살아 숨 쉬게 되었습니

다. 그것은 지성, 감정, 의지가 영의 지시를 받는 영적 존재eternal being,

즉 하나님의 형상을 닮은 피조물 중의 새로운 피조물이 되었다는 뜻입

니다.

여호와 하나님이 흙으로 사람을 지으시고 생기를 그 코에 불어넣으시니

사람이 생령이 되니라 (창 2:7)

그런데 영靈의 지시를 무시하고 지성, 감정, 의지가 각기 독립적으로

활동하면 사람은 너무도 불완전하여 위험한 행동을 낳고 맙니다. 그러므로 영, 혼, 육체가 조화를 이루며 합력하여 잘 활동하려면 하나님의 사랑이 절대적으로 필요합니다. 하나님의 사랑이 사람의 영을 통해 사람의 지성, 감정, 의지를 관리하고 조화를 이룰 때 하나님의 형상을 따라 사는 사람이 됩니다.

2. 마귀 세력은 모든 것을 소유하고 있으나 하나님의 사랑이 없다.

하나님이 사람을 창조하실 때 사람에게는 본래 하나님의 사랑이 있었습니다.

마귀는 모든 면에서 하나님을 흉내 낼 수 있지만, 결정적으로 하나님의 사랑이 그 안에 없습니다. 마귀는 원래 하나님의 천사장 중 권세를 가진 하나님의 일꾼이었는데, 하나님을 배신하고 뒤돌아서 그분과의 관계를 상실하면서 하나님의 나라에서 쫓겨나게 되었고, 그때 그 안에 있던 하나님의 사랑조차 모두 잃어버리게 되었습니다. 그렇기 때문에 마귀 세력은 유혹하고, 억압하며, 이간시키고, 무력을 사용하고, 공포를 일으키며, 분열을 일삼고, 굴종시키는 일을 좋아합니다. 그런데 하나님이 새롭게 창조한 사람에게는 마귀 자신에게는 이미 사라진 하나님의 사랑이 있었습니다. 그 사랑은 사람에게 기쁨과 평안을 공급했습니다. 마귀와 그 세력의 시기와 질투가 드디어 사람에게 발동했습니다. 그리고 마귀와 그 세력은 하나님의 형상을 따라 지음받은 피조물 중에 새로운 피조물인 사람에게는 존재하지만 자신들은 이미 잃어버린 하나님의 사랑을 빼앗고 싶었던 것입니다.

뱀을 질책하지 말라! 뱀도 마귀에게 속은 것이다.

마귀 세력은 사람에게 접근할 때 사람이 혐오하거나 싫어하는 모습 - 때론 그런 경우도 종종 있지만 - 으로 다가오지 않습니다. 최대한 아름답고 매력적인 모습으로 옵니다. 돈에 관심이 집중된 사람은 돈으로 유혹합니다. 이성에 관심이 중독된 사람은 이성으로 유혹이 옵니다. 지식의 축적에 관심이 있는 사람은 지식의 성취에만 몰입하도록 유혹합니다. 육체의 자랑에 관심이 집중된 사람은 육체적 자랑거리를 통해 하나님보다 육체의 자랑거리에 집중하게 만듭니다. 악한 영들은 사람을 집요하게 억압하고 이간시키고, 유혹해서 하나님의 사랑을 근본적으로 생각하지 못하게 합니다.

흙은 모든 만물의 원초적 실체인 먼지dust의 집합체입니다. 결국 만물의 실체를 통해 가장 새로운 실재new thing, reality를 만드셨는데 그것이 사람의 육체입니다. 그리고 사람의 아름다운 모습 안에 하나님의 영을 넣어주셨습니다. 이것은 너무도 귀중한 사건입니다. 사람이 하나님의 형상을 그대로 물려받은 하나님의 자녀가 된 것입니다. 그리고 사람은 하나님의 영을 받은 영적 존재가 되었습니다. 하나님의 영이 영원하듯 영적 존재인 사람은 영원히 살도록 창조되었습니다. 하나님은 이러한 영적 존재인 사람과 자녀 관계로 영원히 교제하기를 원하셨습니다. 마귀 세력은 하나님의 영을 소유한 사람이 부러웠습니다. 그리고 그들의 시기가 발동합니다.

마귀가 사람의 약점을 찾기 시작하다

사람은 영과 혼과 육체로 구성되어 있습니다. 영은 하나님의 형상입니다. 혼은 자유의지와 감정을 가진 사람의 마음입니다. 육체는 영과 혼이 머무는 장소입니다. 창조될 당시 사람은 하나님의 사랑이 가득한 영혼과 육체를 가지고 있었습니다. 마귀 세력은 사람이 하나님의 사랑을 가지고 사는 것이 가장 부러웠고, 그래서 그 귀한 사랑을 피조물끼리 이간시켜 빼앗고 싶었던 것입니다. 마귀와 그 세력의 시기는 결국 하나님과 아담, 그리고 하와의 행복한 관계를 훼방하기로 결정한 것입니다. 더욱이 하나님은 사람이 살기에 가장 적합하고 아름다운 생활의 터전을 만들어주신 후에 영적 의무감과 책임감을 부여한 온전한 계약을 맺어 주셨습니다.

여호와 하나님이 동방의 에덴에 동산을 창설하시고 그 지으신 사람을 거기 두시니라 9 여호와 하나님이 그 땅에서 보기에 아름답고 먹기에 좋은

나무가 나게 하시니 동산 가운데에는 생명 나무와 선악을 알게 하는 나무도 있더라(창 2:8-9)

선악을 알게 하는 나무의 열매는 먹지 말라 네가 먹는 날에는 반드시 죽으리라 하시니라(창 2:17)

하나님의 약속은 분명합니다. 하나님은 피조물의 리더인 사람에게 온전한 계약 가운데 선과 악을 알게 하는 나무의 열매는 먹지 말라고 명령하셨습니다. "먹으면 반드시 죽는다you will surely die"라고 말씀하셨습니다. 그런데 사람은 마귀 세력의 지시를 받은 뱀의 집요한 유혹으로 마음이 흔들리더니 급기야 하나님과의 약속을 어깁니다.

마귀 세력의 유혹에 넘어간 사람의 말을 들어보십시오.

"죽을 수도 있지만 꼭 그런 것은 아닐 것이다"라고 말합니다.

동산 중앙에 있는 나무의 열매는 하나님의 말씀에 너희는 먹지도 말고 만지지도 말라 너희가 죽을까(you will die) 하노라 하셨느니라(창 3:3)

벌써 악한 영에 지시에 따라 활동하던 뱀의 유혹에 넘어간 사람의 말은 하나님과의 약속을 변질시키고 있습니다. 악한 영의 유혹이란 바로 이런 것입니다. 먼저, 그럴듯한 말로 우리를 현혹시킵니다. 악한 영들은 구별하기 힘들 정도의 이성적인 접근을 하여 유혹합니다. 유혹이라고 생각하기 이전에 논리에 타당하기 때문에 넘어가는 것입니다. 논리적인 사고나 이성적인 사고는 하나님이 사람에게 주신 또 하나의 복입니다. 사람의 근본 속성을 너무 잘 알고 있는 악한 영들은 사람의 장점을 이용해 유혹하는 굉장한 지식을 가지고 있습니다. 그다음에 의심을 하도록 유도합니다. 불신을 조장합니다. 잘못된 판단에 확신을 논리로 심어줍니다. 그리고 사람이 스스로 잘못된 판단을 행동에 옮기도록 권장합니다. 그렇지만 악한 영들은 죄의 결과를 책임지지는 않고 슬쩍 배후에 숨어 우리 스스로가 절망하고 포기하도록 만듭니다. 또한 악한 영들은 사람의 미래를 책임지지도 못합니다. 결국 악한 영들도 심판자 하나님 앞에서 심판을 받는 피조물이라는 사실을 잊지 말아야 합니다. 그런데 하나님은 그분의 영靈, 영원한 생명을 주셔서 창조된 사람을 끝까지 책임지십니다.

악한 영들은 연차적으로 유혹, 억압, 이간, 무력, 폭력을 사용해 개인 혹은 집단을 분열시킨 후 끝내 자신의 발아래 사람을 굴복시키는 것이 그들 사역의 목적입니다. 악한 영들은 사람을 넘어뜨리기 위해 집요하게 유혹하고 강요하고 이간을 붙입니다. 그럼에도 불구하고 그 세력에게 당하여 발생한 잘못된 결과는 사람이 책임져야 합니다.

악한 영들은 매우 똑똑하고 간교합니다. 그리고 지나칠 정도로 집요합니다. 악한 영들은 사람의 마음에 약점이 있음을 간파하고 있습니다. 하나님께서 주신 자유의지가 마음에 속해 있는데 그 마음의 문을 여러 번 두드리는 것입니다. 그리고 그 세력은 집요하게 사람에게 접근했습니다. 사람은 끝내 흔들린 마음을 제어하지 못한 채 악한 영이 들어오는 것을 허락했습니다. 결국 사람은 마귀와 그 세력의 유혹에 넘어가서 하나님의 명령을 어기게 됩니다. **이것을 '타락**depravity'이라고 합니다.

> 여자가 그 나무를 본즉 먹음직도 하고 보암직도 하고 지혜롭게 할 만큼 탐스럽기도 한 나무인지라 여자가 그 열매를 따먹고 자기와 함께 있는 남편에게도 주매 그도 먹은지라(창 3:6)

> 여호와 하나님이 이르시되 보라 이 사람이 선악을 아는 일에 우리 중 하나 같이 되었으니 그가 그의 손을 들어 생명 나무 열매도 따먹고 영생할까 하노라 하시고 23 여호와 하나님이 에덴 동산에서 그를 내보내어 그의 근원이 된 땅을 갈게 하시니라 24 이같이 하나님이 그 사람을 쫓아내시고 에덴 동산 동쪽에 그룹들과 두루 도는 불 칼을 두어 생명 나무의 길을 지키게 하시니라(창 3:22-24)

삼위일체 하나님은 타락한 사람을 살리려는 방편으로 가장 살기 좋은 곳, 에덴동산에서 내보내어 스스로 일하며 살면서 하나님을 찾아 회심하고 돌아오길 고대하셨습니다. 누가복음 15:11-24의 탕자의 비유는 에덴 동산에서 아담과 하와를 나가게 하셨지만 곧바로 회개하고 돌아오길 고대하시는 하나님 아버지의 마음을 구체적으로 가르쳐줍니다.

여기서부터 하나님과의 관계가 단절되었습니다. 이것이 죄입니다. 이 죄로 인해 아버지와 자녀 관계도 자동적으로 깨어졌습니다. 아담과 하와는 하나님 나라의 상속권을 잃어버린 나그네 신세가 되었습니다.

3장

죄란 무엇인가?

1. 원죄, 자범죄, 허물을 구분하라.

(1) 원죄

사람은 창조된 이후 에덴동산 안에서 하나님과 맺은 약속을 잘 지키며 살았습니다. 그런데 그 어느 날(One dady) 마귀 세력의 유혹에 넘어가 말씀을 어기더니 끝내 하나님을 향해 피하며 숨고 책임전가하다 결국 그 동산에서 쫓겨나 하나님과의 교제가 단절되면서 하나님의 나라에서 분리된 삶을 살게 되었습니다. 이 상태를 죄sin라고 말합니다. 그와 동시에 하나님의 사랑을 잃어버리고 사는 것도 '죄'입니다. 그 결과, 몸은 살아 있어도 영은 하나님과 하나님 나라에 대하여 죽은 자가 되었고, 하나님 나라의 상속권도 상실하게 되었습니다. 이러한 영적 상태를 신학적 용어로 원죄original sin라고 말합니다.

아담과 그리스도(롬 5:12-21)

그러므로 한 사람으로 말미암아 죄가 세상에 들어오고 죄로 말미암아 사망이 들어왔나니 이와 같이 모든 사람이 죄를 지었으므로 사망이 모든 사람에게 이르렀느니라 13 죄가 율법 있기 전에도 세상에 있었으나 율법이 없었을 때에는 죄를 죄로 여기지 아니하였느니라 14 그러나 아담으로부터 모세까지 아담의 범죄와 같은 죄를 짓지 아니한 자들까지도 사망이 왕 노릇 하였나니 아담은 오실 자의 모형이라 15 그러나 이 은사는 그 범죄와 같지 아니하니 곧 한 사람의 범죄를 인하여 많은 사람이 죽었은즉 더욱 하나님의 은혜와 또한 한 사람 예수 그리스도의 은혜로 말미암은 선물은 많은 사람에게 넘쳤느니라 16 또 이 선물은 범죄한 한 사람으로 말미암은 것과 같지 아니하니 심판은 한 사람으로 말미암아 정죄에 이르렀으나 은사는 많은 범죄로 말미암아 의롭다 하심에 이름이니라 17 한 사람의 범죄로 말미암아 사망이 그 한 사람을 통하여 왕 노릇 하였은즉 더욱 은혜와 의의 선물을 넘치게 받는 자들은 한 분 예수 그리스도를 통하여 생명 안에서 왕 노릇 하리로다 18 그런즉 한 범죄로 많은 사람이 정죄에 이른 것 같이 한 의로운 행위로 말미암아 많은 사람이 의롭다 하심을 받아 생명에 이르렀느니라 19 한 사람이 순종하지 아니함으로 많은 사람이 죄인 된 것 같이 한 사람이 순종하심으로 많은 사람이 의인이 되리라 20 율법이 들어온 것은 범죄를 더하게 하려 함이라 그러나 죄가 더한 곳에 은혜가 더욱 넘쳤나니 21 이는 죄가 사망 안에서 왕 노릇 한 것 같이 은혜도 또한 의로 말미암아 왕 노릇 하여 우리 주 예수 그리스도로 말미암아 영생에 이르게 하려 함이라 아담은 모든 사람의 대표로 하나님과의 약속을 저버려서 그분의 나라에서 쫓겨난 사람으로 소개되고 있습니다. 아담이 에덴동산에서 쫓겨나서 하나님과 관계가 단절되면서 죄가 세상에 상주하게 되고 아담은 하나님의 정죄를 받게 됩니다. 이로 인해 사망이 사람들에게 들어와 왕 노릇 하게 되었습니다. 이렇게 사람들의 대표인 아담이 사망死亡에게 종 노릇 하게 되면서 모든 사람은 사망을 운명처럼 받아들이게 되었습니다. 이렇듯 아담을 통해서 죄가 모든 사람에게 들어와서 하나님의 심판을 받고 하나님 나라에서 쫓겨나 세상에서 육체는 죽고 영은 영원한 지옥에 이르게 된 것을 설명하는 신학적 이론이 바로 원죄原罪, original sin의 교리입니다.

아담이 자신의 범죄를 통해서 받은 영혼과 육체의 사망형벌은 모든 사람에게 미치는 대표성을 가지고 있습니다. 다시 말해, 아담이 받은 형벌은 세상 모든 사람에게 공동적으로 영향을 주었다고 보는 교리가 원죄의 교리입니다. 아담이 하나님과의 약속을 파기하고 죄를 불러들여 자신도 사망의 형벌을 받고, 세상 모든 사람에게도 그 형벌을 상속시킨 것입니다. 하나님은 아담과 하와가 동산 가운데 심겨진 지혜롭게 할 만큼 탐스러운 열매를 먹어 하나님과의 약속을 파기한 후, 생명나무의 열매도 먹어 완전히 돌이킬 수 없는 죄악으로 빠질 것을 미리 아시고 새로운 회복을 위해서 단호한 영적 조치를 내리셨습니다. 아담과 하와가 에덴동산(하나님 나라)에서 추방된 것은 바로 이런 이유입니다.

　그 결과 아담(하와)의 육체가 죽어서 흙으로 돌아가게 되었고, 이미 같이 창조된 이후의 모든 사람도 누구나 육체의 수명이 다하면 아담과 같이 죽음을 맞이하게 되었으며 영혼은 음부에 갇혔다가 최후의 심판 이후에 지옥에 갇히게 됩니다. 하나님께서는 타락한 아담에게서 피조물인 사람의 악한 모습을 보셨고, 그래서 그 생명에 근본적인 제약(사망)을 주셨다고 볼 수 있습니다. 이것이 로마서 5장에서 말하고 있는 중심내용입니다. 그럼에도 불구하고 아담의 죄성이 창조된 모든 사람 전체의 죄성이 되었다고 보는 것은 무리하다고 생각하는 다수의 의견도 있습니다.

　또 다른 경우 아담의 타락한 본성은 부모의 유전형질이 자녀에게 전달되듯 모든 후손에게 부분적으로 유전되었거나 학습되어 나타나는 것을 보게 됩니다. 따라서 아담의 죄악된 습관이나 죄책감, 수치감, 은폐와 조작, 책임전가의 행동이 그 후손들에게 유전되었을 것으로 보는 의견도 있습니다. 모든 사람이 부모를 통해, 또 다른 사람들을 통해서 이러한 죄성을 학습해 온 것도 부인할 수 없습니다. 그러나 이러한 유전된 본성이 인간의 도덕적인 선택 자체를 불가능하게 할 만큼 '유전된 무기력한 원죄'로 보기에는 하나님께서 만든 피조물로서의 사람이 온 세상을 충만하고 정복하고 다스리기에는 너무 초라해 보입니다. 예를 들어 에녹과 같은 사람은 아담의 후손이지만 하나님과 동행하다가 죽음을 보지 않고 하나님의 나라에 올라가기도 했습니다(창 5:24).

그러면, 모든 사람이 죄를 지을 수밖에 없는 영적이고 도덕적인 부패성을 어떻게 습득하게 되었을까요? 우리는 지금까지의 설명에서 다루지 않은 하나의 원인을 생각해 보고자 합니다. 그것은 '강력해진 마귀(사탄) 세력의 힘'입니다. 다시 말해서 아담이 하나님께 받은 세상의 통치권을 사탄에게 빼앗긴 데서 모든 사람의 도덕적 부패성의 근원을 찾을 수 있습니다. 창세기 1장 28절은 하나님께서 아담에게 생육하고 번성하며 충만하고 땅을 정복하며 모든 생물을 다스리라는 축복하신 말씀을 기록하고 있습니다. 아담이 하나님과의 약속을 파기하고 범죄함으로 하나님 나라에서 쫓겨나면서 세상에 대한 강력한 지배권을 상실했습니다. 그리고 그 막강한 힘이 먼저 똑같은 범죄를 통해 이층 하늘을 지배하는 마귀에게 넘어가게 된 것입니다.

요한1서 3장 8절은 "죄를 짓는 자는 마귀에게 속하나니 마귀는 처음부터 범죄함이라 하나님의 아들이 나타나신 것은 마귀의 일을 멸하려 하심이라"고 했고, 또 에베소서 2장 1-2절은 "그는 허물과 죄로 죽었던 너희를 살리셨도다 그 때에 너희는 그 가운데서 행하여 이 세상 풍조를 따르고 공중의 권세 잡은 자를 따랐으니 곧 지금 불순종의 아들들 가운데서 역사하는 영이라"고 했습니다. 마귀는 공중의 권세를 잡고 있습니다. 그 권세로 죄를 짓는 사람을 지배하고, 그 강한 권세로 사람을 속박하고 있습니다. 이처럼 강한 마귀의 영향으로 인해서 아담 이후에 모든 사람은 죄악의 가공할 힘을 조절하거나 절제할 힘을 잃게 되었습니다.

로마서 7장 21-24절은 이처럼 강해진 죄악의 힘, 즉 원리로서의 죄를 설명합니다.

> 그러므로 내가 한 법을 깨달았노니 곧 선을 행하기 원하는 나에게 악이 함께 있는 것이로다 22 내 속사람으로는 하나님의 법을 즐거워하되 23 내 지체 속에서 한 다른 법이 내 마음의 법과 싸워 내 지체 속에 있는 죄의 법으로 나를 사로잡는 것을 보는도다 24 오호라 나는 곤고한 사람이로다 이 사망의 몸에서 누가 나를 건져내랴(롬 7:21-24)

위 성경 말씀은 사람이 선한 의지를 갖고 있음을 보여줍니다. 율법을 따라 선한 삶을 소망하는 것이 사람입니다. 그러나 그 마음속에는 죄의 법이 있어서 그 법이 인간의 선한 의지를 묶어버리고 죄 가운데로 사로잡아 가는 것입니다. 이것이 타락한 이후의 사람의 본래 모습입니다. 이것이 원죄입니다. 모든 사람이 가진 악한 본성은 다름 아니라 우리 안에 있는 태어나면서 이미 습득된 '악의 칩the chip of evil spirit'인 죄의 법, 강력한 악의 힘이었습니다. 세상과 사람의 마음을 지배하는 힘, 그것은 원래 피조물 가운데 리더로서 사람(아담)이 가지고 있던 것

이었지만, 아담(모든 사람의 대표를 지칭)이 사탄שׂטן, (히브리말로 마귀를 지칭)
에게 빼앗긴 것입니다. 마귀는 그 세상을 통해 죄를 내면화시키고 원
리적인 죄를 인간에게 강요하고 있습니다. 원죄를 이해하는 데 있어서
우리가 빼놓을 수 없는 것이 있다면 바로 사탄의 존재입니다. 사탄은
악의 뿌리가 된 자입니다. 이 악의 뿌리는 환경적이면서도 동시에 내면
적인 것으로, 인간의 본성의 일부를 구성하고 있다고 봐야 합니다. 그
결과로 아담 이후의 모든 사람이 하나님 자녀의 신분에서 마귀에게
예속된 사람이 되었습니다.

> 너희는 너희 아비 마귀에게서 났으니 너희 아비의 욕심대로 너희도 행하
> 고자 하느니라 그는 처음부터 살인한 자요 진리가 그 속에 없으므로 진
> 리에 서지 못하고 거짓을 말할 때마다 제 것으로 말하나니 이는 그가 거
> 짓말쟁이요 거짓의 아비가 되었음이라(요 8:44)

그리스도 예수의 40일 금식기도와 원죄에서의 해방

하나님은 아담의 가족에게 에덴동산의 모든 것을 관리하고 책임지
도록 권한을 부여하시면서, 한 가지 약속만 지키라고 말씀하셨습니
다.

동산 각종 나무의 열매는 네가 임의로 먹되, 선악을 알게 하는 나무의 열매는 먹지 말라 네가 먹는 날에는 반드시(surely) 죽으리라(창 2:16-17)

아담과 하와는 그들이 창조된 이후 에덴동산(하나님과 교제하는 나라) 안에서 적지 않은 시간을 보내면서 하나님과 교제하는 기쁨을 조금씩 잃어갔습니다. 그러던 차에 악한 영의 유혹에 넘어간 뱀(피조물)의 유혹에 넘어가 하나님과의 약속을 신실하게 지켜내지 못하고 흔들려 넘어집니다.

그런데 뱀은 여호와 하나님이 지으신 들짐승 중에 가장 간교하니라 뱀이 여자에게 물어 이르되 하나님이 참으로 너희에게 동산 모든 나무의 열매를 먹지 말라 하시더냐 2 여자가 뱀에게 말하되 동산 나무의 열매를 우리가 먹을 수 있으나 3 동산 중앙에 있는 나무의 열매는 하나님의 말씀에 너희는 먹지도 말고 만지지도 말라 너희가 죽을까 하노라 하셨느니라 4 뱀이 여자에게 이르되 너희가 결코 죽지 아니하리라 5 너희가 그것을 먹는 날에는 너희 눈이 밝아져 하나님과 같이 되어 선악을 알 줄 하나님이 아심이니라 6 여자가 그 나무를 본즉 먹음직도 하고 보암직도 하고 지혜롭게 할 만큼 탐스럽기도 한 나무인지라 여자가 그 열매를 따먹고 자기와 함께 있는 남편에게도 주매 그도 먹은지라 7 이에 그들의 눈이 밝아져 자기들이 벗은 줄을 알고 무화과나무 잎을 엮어 치마로 삼았더라(창 3:1-7)

악한 영의 유혹에 하와는 "동산 중앙에 있는 나무의 열매는 하나님의 말씀에 너희는 먹지도 말고 만지지도 말라. 너희가 죽을까(will die)하노라"(창 3:3)고 하며 악한 영의 유혹에 "단지 죽지 않으려면 먹지 말라 말씀하셨다"고 얼버무리는 대답을 합니다. 이 표현은 하나님과의 약속을 절대적으로 신뢰하고 그대로 순종하지 않은 증거입니다. 그리고 다시 에덴 중앙의 나무 열매를 보니 먹음직도(육체의 정욕)하고 보암직(안목의 정욕)도 하고 탐스럽기(이생의 자랑)도 하였던 것입니다(cf. 요일 2:15-17).

> 여자가 그 나무를 본즉 먹음직도 하고 보암직도 하고 지혜롭게 할 만큼 탐스럽기도 한 나무인지라 여자가 그 열매를 따먹고 자기와 함께 있는 남편에게도 주매 그도 먹은지라(3:6)

이렇게 해서 시작된 아담과 하와의 불순종은 하나님의 얼굴을 피해 숨고, 두려워하고, 서로 책임을 전가하면서 하나님께 돌아와 회개하지 않고 악한 영들에게 계속해서 휘둘리며 하나님의 마음을 아프게 하였던 것입니다(창 3:8-15). 급기야 이제 회개는 커녕 하나님께 대립하는 행동까지 엿보이기 시작합니다.

그(아담)가 그의 손을 들어 생명 나무 열매도 따먹고 영생할까 하노라(창 3:22)

하나님은 더 이상 그들을 에덴동산 안에 남겨 둘 수 없다고 판단하셨고, 결국 그들은 거기서 내쫓기게 되었습니다(창 3:24). 마귀 세력의 유혹을 이기지 못한 아담의 가족은 하나님과의 교제가 끊어지고 단절되는 결과를 초래합니다. 이것이 '원죄'입니다.

예수 그리스도께서 공적 사역을 시작하시면서 40일 금식기도를 진행하시는 가운데 마귀(사탄)는 육체를 입고 오신 예수 그리스도께 아담과 하와에게 유혹했던 똑같은 방식으로 아버지 하나님과 아들 하나님을 이간시킵니다(마 4:1-11; 막 1:12-13; 눅 4:1-13).

"돌을 가지고 떡을 만들라"고 육체의 정욕에 호소하는 유혹을 하자, 즉시 "사람이 떡으로만 살 것이 아니요 하나님의 입으로부터 나오는 모든 말씀으로 살 것이니라" 대답하시므로 에덴동산 나무 열매의 먹음직스런 유혹을 이기셨습니다. 그다음, 사탄이 아들 하나님께서 자신에게 절하고 경배하면, "세상 보이는 모든 권위와 영광을 네가 주리라"고 안목의 정욕에 호소하는 유혹을 하자, 예수 그리스도는 "주 하나님만 경배하고 다만 그분을 섬기라" 대답하시면서 에덴동산 나무 열매의 보암직한 유혹을 이기셨습니다. 이제 끝으로 사탄이 예수 그리스도께 "당신이 하나님의 아들이거든 성전 꼭대기에서 뛰어내려 기적을 베풀어 보라. 위험한 상황에서도 아버지 하나님이 너를 건져주실 것이다"라고 이생의 자랑에 호소하는 유혹을 하자, 예수 그리스도는 "주 너의 하나님을 시험하지 말라"고 호통을 치시면서 지혜롭게 할 만큼 탐스럽기도 한 유혹을 이기셨습니다.

결국 예수 그리스도는 40일 동안의 금식기도를 통해 스스로 얽매이고 자유분방하며, 이기적이고, 때론 율법주의자로 살면서 원죄를 해결하지 못하고 방황하는 첫 아담의 후손들에게 참 자유와 진리를 회복시켜 주셨습니다. 원죄의 끈은 이렇게 예수 그리스도 안에서 끊어지고 강력한 사탄의 힘은 예수 그리스도의 이름 앞에서 무릎을 꿇게 된 것입니다.

> 이 세상이나 세상에 있는 것들을 사랑하지 말라 누구든지 세상을 사랑하면 아버지의 사랑이 그 안에 있지 아니하니 16 이는 세상에 있는 모든 것이 육신의 정욕과 안목의 정욕과 이생의 자랑이니 다 아버지께로부터 온 것이 아니요 세상으로부터 온 것이라 17 이 세상도 그 정욕도 지나가되 오직 하나님의 뜻을 행하는 자는 영원히 거하느니라(요일 2:15-17)

(2) 자범죄

사람이 타락한 이후로 마귀와 그 세력의 지배 하에서 혼soul이 영

spirit을 완전히 깊은 장소에 감금하고 소외시킨 채, 감정과 의지와 연합하여 마음heart이 육체의 주도권을 쥐게 됩니다. 사람의 마음은 자연스럽게 하나님과의 관계를 방해하는 노여움, 격분, 사악, 훼방, 더러운 말을 거침없이 사용하여 죄를 육체와 혼魂 속으로 불러들입니다. 결국 영의 활동이 멈춘 사람은 마음이 주도적으로 감정과 의지를 조종하여 혼soul의 연합체로서, 음란, 부정, 사욕, 악한 정욕, 탐심 같은 죄의 뿌리equivalent sin를 생산합니다. 이것이 자범죄self-committed sin입니다. 성경은 이것을 단수적으로 표현하여 각각 우상숭배(골 3:5)라고 말합니다. 이런 죄의 뿌리에 얽히면 빠져나오기가 쉽지 않을 뿐 아니라, 결국 이 죄의 뿌리는 그 사람 안에 우상으로 자리를 잡습니다. 이것은 중독증세obsession로 나타나며, 그 증세는 우상, 즉 중독의 지배 oppression로부터 좀처럼 벗어나기 어렵습니다.

이 증세는 우상숭배로 이어집니다. 우상숭배는 하나님과의 관계가 회복된 상태에서도 하나님과의 관계를 가볍게 여기고 가볍게 약속을 어기면서도 회개를 늦추게 합니다. 하나님을 두려워하면서도 핑계로 일관하여 하나님께 온전히 돌아오기를 더디게 합니다. 우상숭배는 하나님의 얼굴을 피해 살아보려는 시도를 합니다. 결국 '자범죄'란 하나님과의 관계가 유지된 상태에서도 빗나가서 흐트러진 모든 말과 행동을 말합니다.

(3) 허물

　원죄의 결과로 하나님과의 단절된 관계the result of the broken relationship with God에서 파생되어 사람과 사람 사이에서 나타난 시기, 질투, 교만, 격분, 의심, 거짓말, 훼방, 입의 부끄러운 말 같은 경건에서 멀어진 불의에 속한 모든 것을 허물transgression이라고 합니다. 또한 하나님과의 관계가 유지된 상태에서도 빗나가서 흐트러진 모든 말과 행동을 말합니다. 허물은 구원에 치명적인 요소는 아니지만 거룩성을 유지하는 데 대단한 영향을 미칩니다. 허물이 쌓이고 그 늪이 깊어지면 당연히 구원의 확신이 격감되면서 구원의 안전망까지 손상시켜 구원받은 사람을 세상으로 빠져나가게 유도합니다. 그러면 허다한 허물 앞에서 구원을 유지할 사람이 많지 않습니다. 우리는 구원에 영향을 주는 허물의 치명적 맹독성을 경계해야 합니다.

　허물은 생활 속에서 수시로 자백해서 정리해야 합니다.

자범죄와 허물의 구분

　하나님과의 관계를 소홀히 하거나 부인하는 것은 죄입니다. 특별히 구원받은 이후 사람이 하나님과의 관계 속에서 저지르는 죄는 자범죄 self-committed sin에 해당합니다. 허물은 그 죄로 인해 파생되어 사람과 사람의 관계에서 드러난 그릇되고 빗나간 말과 행동, 그리고 그에 따른 결과를 말합니다. 모세를 통해 이스라엘 백성에게 주셨던 십계명을 통해 죄와 허물을 구분할 수 있습니다.

원죄 또는 자범죄

십계명을 통해 (원)죄와 자범죄, 허물을 구분할 수 있습니다.

하나님이 이 모든 말씀으로 말씀하여 이르시되 2 나는 너를 애굽 땅, 종 되었던 집에서 인도하여 낸 네 하나님 여호와니라 3 너는 나 외에는 다른 신들을 네게 두지 말라 4 너를 위하여 새긴 우상을 만들지 말고 또 위로 하늘에 있는 것이나 아래로 땅에 있는 것이나 땅 아래 물 속에 있는 것의 어떤 형상도 만들지 말며 5 그것들에게 절하지 말며 그것들을 섬기지 말라 나 네 하나님 여호와는 질투하는 하나님인즉 나를 미워하는 자의 죄를 갚되 아버지로부터 아들에게로 삼사 대까지 이르게 하거니와 6 나를 사랑하고 내 계명을 지키는 자에게는 천 대까지 은혜를 베푸느니라 7 너는 네 하나님 여호와의 이름을 망령되게 부르지 말라 여호와는 그의 이름을 망령되게 부르는 자를 죄 없다 하지 아니하리라 8 안식일을 기억하여 거룩하게 지키라 9 엿새 동안은 힘써 네 모든 일을 행할 것이나 10 일곱째 날은 네 하나님 여호와의 안식일인즉 너나 네 아들이나 네 딸이나 네 남종이나 네 여종이나 네 가축이나 네 문안에 머무는 객이라도 아무 일도 하지 말라 11 이는 엿새 동안에 나 여호와가 하늘과 땅과 바다와 그 가운데 모든 것을 만들고 일곱째 날에 쉬었음이라 그러므로 나 여호와가 안식일을 복되게 하여 그 날을 거룩하게 하였느니라(출 20:1-11)

하나님과의 관계가 부인되거나 그 관계를 가볍게 여기는 행위는 모두 죄입니다.

이는 엿새 동안에 나 여호와가 하늘과 땅과 바다와 그 가운데 모든 것을 만들고 일곱째 날에 쉬었음이라 그러므로 나 여호와가 안식일을 복되게 하여 그 날을 거룩하게 하였느니라 12 네 부모를 공경하라 그리하면 네 하나님 여호와가 네게 준 땅에서 네 생명이 길리라 13 살인하지 말라 14 간음하지 말라 15 도둑질하지 말라 16 네 이웃에 대하여 거짓 증거하지 말라 17 네 이웃의 집을 탐내지 말라 네 이웃의 아내나 그의 남종이나 그의 여종이나 그의 소나 그의 나귀나 무릇 네 이웃의 소유를 탐내지 말라 (출 20:11-17)

사람과 피조물의 관계가 부인되거나 그 관계를 가볍게 여기는 것은 허물입니다.

죄sin와 허물transgression의 세밀한 구분

죄가 하나님과 피조물인 사람의 관계 소홀로 인해 발생한 것이라면,

허물은 사람과 사람 사이에서 발생한 죄악된 말과 행동입니다. 허물로 인해 구원의 줄이 끊어지거나, 허물의 용서를 통해 구원의 줄이 연결되지는 않습니다. 그렇지만 허물은 다른 사람을 실망하게 만드는 원인이 되고, 더 나아가 사람의 허물로 인해 다른 사람이 구원의 길에서 떠날 수 있기 때문에 항상 자신의 주위를 살펴 허물이 드러나지 않도록 쉬지 않고 기도해야 합니다.

특별히 네 번째 계명은 죄인 동시에 허물이 되기도 합니다. 안식일의 문제가 하나님과의 관계를 가볍게 여기는 행위에서 출발된 것이면 죄입니다. 그런데 자신은 철저히 안식일(안식일은 7일째 되는 토요일이 맞다. 8일째 되는 주일은 성경에 나타난 모든 명절의 끝 날이며 그리스도 예수께서 부활하신 승리의 날 곧 초실절이다)을 지키면서 자신의 사업체나 집안 사람들에게는 노동의 짐을 안겨주어, 결국 그들의 마음이 하나님께 향하여 있으나 그들로 하여금 안식일을 거룩하게 지키지 못하도록 원인을 제공했다면, 그것은 허물이 됩니다. 그리고 이러한 허물이 반복되면 깊은 죄로 자리 잡습니다.

만약 자범죄나 허물만 자백하고 원죄를 회개하지 않는다면 하나님과의 관계가 회복되지 않습니다. 이런 상태에서는 주님을 마음에 모셔도 하나님과의 영적 교제는 결코 이루어지지 않습니다. 이 경우 사람들은 스스로는 주님을 모셨다고 생각합니다. 그러나 이러한 신앙적 현상은 엄격히 말해 그리스도 예수를 잘 알게 된 것뿐입니다. 이것은 혼적 교제일 뿐입니다. 마귀 세력은 사람들이 예수를 잘 알도록 유도합니다. 그리고 주변인들에게서 허물을 보게 합니다. 그들은 율법을 통해 죄를 깨달아 구원자 하나님과 더 깊은 관계를 유지하고 풀어나가기보다, 오히려 율법을 알고 난 후, 율법주의자가 되어 다른 사람을 비판하고 정죄하는 사람이 되도록 우리를 훈련시킵니다. 그렇지만 하나님과의 관계 회복, 즉 정확한 죄용서the forgiveness of sin에 대해서는 언급하지 않도록 유도합니다. 그런 후 우리에게 짝퉁(가짜) 회개를 강요합니다. 성령의 감동 없이 이성적인 고백이나, 의지적인 고백, 혹은 감정적인 고백만을 진행하도록 유도합니다. 그러기에 마귀 세력의 능숙한 영적 방해 전술에 속지 말아야 합니다.

2. 생명 얻는 회개, 생명 없는 회개

　우리는 종종 생명 없는 회개를 하곤 합니다. 생명 없는 회개는 하나님과의 관계를 분명히 회복하지 못한 채, 세례, 성찬예식 같은 종교적인 의례ritual를 통해 구원을 받았다고 착각하게 합니다. 또 짝퉁 회개후 영으로 예수를 그리스도로 만나지 않아 예수 그리스도의 부활을 지식이나 집단 최면으로 수용한 사람들이 여기에 해당됩니다. 생명 없는 회개는 자신을 들여다볼 수 없습니다. 단지 혼soul이 세상에서 교육된 기준을 통해 선과 악을 구분하는 것뿐입니다. 일반종교가 이런 것을 잘 가르칩니다. 구체적인 선악의 기준을 통해 명상하고 수련하게 합니다. 그런 후 인간의 노력으로 선the good을 선택하도록 가르칩니다. 악the evil에 대해 이해understanding하지만, 악의 근원을 들추거나 끊어내지는 못합니다.

　마귀 세력은 종교적 수련이나 명상, 가르침을 통해 마음을 깨끗하게 청소하도록 도와줍니다. 그리고 유혹을 통해 또 그들만의 자리를 잡습니다. 마치 뱀이 또아리를 틀고 자리를 잡은 후 고개를 쳐들고 자리를 지키듯이, 마귀는 청소가 잘 된 사람의 마음을 손쉽게 지배합니다. 그리고 더 왕성하게 그 안에서 활동합니다(마 12:43-35; 눅 11:24-26). 사람은 먼저 마귀 세력에게 속고, 그다음 스스로에게 속습니다. 종교적 수련으로는 자신의 내면의 모습을 들여다볼 수 없습니다. 빛light도 없이 어두움을 들여다보는 것과 같습니다. 빛이 없으면 우리가 보는 것은 극히 일부분이고 거의 대부분을 구별하지 못합니다.

죄사함의 은총은 빛으로 오시는 성령 하나님의 감동 없이는 결코 시작되지 않습니다. 성령 하나님이 감동을 주실 때 생명 얻는 회개가 가능합니다. 성령 하나님께서 사람의 마음에 감동을 주실 때 하나님과의 단절되었던 영적 관계를 보아 죄sin를 알게 됩니다. 그렇게 되면 순차적으로 하나님의 복음에 귀가 열리고 눈이 뜨이기 시작합니다. 아침이 오고 빛이 찾아오면 모든 어두움이 사라집니다. 어두울 땐 볼 수 없었던 모든 것이 확연하게 드러나서 볼 수 있게 됩니다. 이렇듯 빛으로 오신 하나님과의 관계가 회복되면 피조물인 사람은 자신의 영과 혼과 육체의 내면을 속속히 들여다보게 됩니다. 그리고 자신의 죄악된 실체를 정확히 보게 됩니다. 그러면서 그동안 하나님과의 교제가 단절되어 볼 수 없었던 자신의 죄를 볼 수 있게 됩니다. 생명 얻는 회개는 다른 사람의 티sawdust만 보던 죄인sinner인 사람의 시각을 바꿔 자신의 눈 안에 있는 들보plank를 보게 합니다. 그런데도 여전히 기다려 주시고 긍휼을 베푸신 하나님의 은총에 감동되어 눈물이 흐릅니다. 죄인 안에 있던 들보plank는 이렇게 빠져나옵니다(눅 6:41-45).

이제 '보지 못하는 것'과 '볼 수 없었던 것'은 엄연히 구별되어야 합니다. 보지 못하는 것은 결과입니다. 볼 수 없었던 것은 원인입니다. 원인이 해결되지 않으면 결과는 일시적인 것뿐입니다. 허물을 고백하여 회개한들 죄는 소멸되지 않으며 볼 수 없었던 (원)죄를 고백하지 못한 채 허물로 고백한 회개는 생명 없는 회개입니다.

그런데 의문이 하나 생기지 않습니까?

"성령 하나님께서 사람의 마음에 감동을 주실 때"라는 문구에 의심이 생기지 않으십니까? 어떻게 영이신 성령 하나님께서 영이 아닌 사람의 혼과 교제해 주실까요? 결론적으로 먼저 말한다면 영이신 성령 하나님은 사람의 혼과는 교제하실 수 있지만, 생명 없는 회개를 했거나 또는 아직 구원에 눈이 뜨이지 않아 생명 얻는 회개를 하지 못한 영spirit이 배제된 혼soul과는 직접 교제하시지 않습니다.

그렇다면 하나님은 어떻게 구원받지 못한 사람과 교제하실까요?

3. 생명회복의 이중장치로서 양심

전능하신 삼위일체 하나님은 인간이 타락할 것을 기대하시지는 않으셨지만, 만약 타락했을 때라도 사람에게 생명을 회복시킬 수 있는 방편을 마련해 놓으셨습니다.

삼위일체 하나님을 찬양해야 할 이유

하나님께서 사람을 창조하실 때 영은 아니지만 영spirit에 속한 양심을 만들어 놓으셨습니다. 그래서 그분은 양심conscience을 통해 사람에게 지시하시거나 감동을 주실 수 있는 것입니다. 사람이 하나님의 복음을 들을 기회가 오면 성령께서 양심을 통해 혼soul, 더 구체적으로 말하면 마음heart에게 자신의 깊은 곳에 감금시켜 놓은 마비된 영 - 하나님 나라에 대해서는 이미 죽은 영 - 을 풀어놓도록 설득하라고 지시하십니다. 그러면 양심이 마음을 적극적으로 자극합니다. 때로 감정이 적극적으로 반항합니다. 때로는 의지가 적극적으로 반항하기도 합니다. 이성 즉 마음도 이것을 손쉽게 수용하지 않습니다. 그러나 하나님의 복음을 들은 사람들에게는 성령 하나님께서 적극적으로 '양심'을 통해 마음의 문을 두드리게 하십니다. 양심은 성령 하나님의 지시에 적극적으로 순종만 합니다. 이것이 바로 하나님의 '준비된 은혜prevenient grace'입니다.

　때로는 양심이 혼에게 무시당하기도 하고, 또 외면당하기도 하지만, 성령 하나님은 계속 양심으로 하여금 혼의 연합체인 마음의 문을 두드리게 하십니다. 그 결과로 감정과 의지와 마음이 연합하여 마음의 문을 열면서 죄를 고백하게 합니다. 이것이 바로 성령감동의 상태입니다. 이때 원죄와 자범죄를 용서받습니다. 이것을 '죄사함을 받는다'고 말합니다. 허물은 죄사함과 동시에 함께 용서가 됩니다.

| 4장 |

예수 그리스도는
누구인가?

1. 죄사함 받은 후 주 예수를 믿으라

예수 그리스도는 어떤 분이십니까? 만약 당신이 이런 질문을 받는다면 명확한 대답을 하실 수 있습니까? 성령의 감동으로 죄를 알고 회개한 후에는 예수 그리스도가 어떤 분이신지 정확히 알고 믿어야 온전한 구원을 받을 수 있습니다.

(1) 예수 그리스도는 삼위일체 하나님

아버지 하나님, 아들 하나님, 성령 하나님은 한 분이십니다. 처음부터 계셨고 영원토록 함께 계실 오직 한 분이십니다. 그분은 창조 때에도 함께 계셨고, 지금도 사람과 함께 계시며, 영원토록 사람과 함께 살아 있는 교제를 원하십니다(창 1:26, 3:22, 11:7; 사 6:8, 48:16, 61:1; 마 28:19; 요 3:16-17, 14:9, 17:21; 행 2:4).

하나님이 이르시되 우리의 형상을 따라 우리의 모양대로 우리가 사람을 만들고 그들로 바다의 물고기와 하늘의 새와 가축과 온 땅과 땅에 기는 모든 것을 다스리게 하자 하시고(창 1:26)

여호와 하나님이 이르시되 보라 이 사람이 선악을 아는 일에 우리 중 하나 같이 되었으니 그가 그의 손을 들어 생명 나무 열매도 따먹고 영생할까 하노라 하시고(창 3:22)

빌립이 이르되 주여 아버지를 우리에게 보여 주옵소서 그리하면 족하겠나이다 9 예수께서 이르시되 빌립아 내가 이렇게 오래 너희와 함께 있으되 네가 나를 알지 못하느냐 나를 본 자는 아버지를 보았거늘 어찌하여 아버지를 보이라 하느냐 10 내가 아버지 안에 거하고 아버지는 내 안에 계신 것을 네가 믿지 아니하느냐 내가 너희에게 이르는 말은 스스로 하는 것이 아니라 아버지께서 내 안에 계셔서 그의 일을 하시는 것이라 11 내가 아버지 안에 거하고 아버지께서 내 안에 계심을 믿으라 그렇지 못하겠거든 행하는 그 일로 말미암아 나를 믿으라(요 14:8-11)

(2) 예수 그리스도는 모든 사람의 왕

아담(복수이면서 대표의 개념)은 이 땅의 왕(대표)을 의미합니다. 그런데 사람들의 왕으로 창조된 사람의 대표, 아담이 타락하면서 그의 허물로 인해 죄가 세상에 들어왔습니다. 한 나라의 왕이 전쟁을 통해 싸움에서 항복하면 그에 속한 모든 백성은 항복한 나라의 백성이 됩니다. 마찬가지로 아담이 마귀 세력의 유혹에 넘어가 허물로 죽게 된 이후로, 하나님과 소홀했던 관계의 친밀성을 회복하지 못하고 오히려 하나님을 외면하면서 숨고 책임전가를 통해 하나님과 멀어지는 행동을 일삼더니 마침내 낙원(에덴동산)에서 쫓겨나면서 모든 사람은 하나님과의 관계가 단절되었습니다(창 3:23-24). 그 이후로 사람은 태어나면서부터 하나님과의 관계가 끊어진 마귀에게 속한 존재로 태어납니다(요 8:44). 그런데 아담의 죄를 끊어내고 마귀의 세력을 정복한 후 모든 사람을 구원하기 위해 예수님께서 아담, 즉 왕의 후손으로 육체를 입고 오셨습니다. 한 왕으로 인해 끊어진 창조주 하나님과의 관계가 그 왕의 신분으로 오신 예수 그리스도로 인해 다시 회복된 것입니다. 이 사실을 믿으면 하나님과의 관계가 온전히 회복됩니다.

> 그러므로 한 사람으로 말미암아 죄가 세상에 들어오고 죄로 말미암아 사망이 들어왔나니 이와 같이 모든 사람이 죄를 지었으므로 사망이 모든 사람에게 이르렀느니라 13 죄가 율법 있기 전에도 세상에 있었으나 율법이 없었을 때에는 죄를 죄로 여기지 아니하였느니라 14 그러나 아담으로부터 모세까지 아담의 범죄와 같은 죄를 짓지 아니한 자들까지도 사망이 왕 노릇 하였나니 아담은 오실 자의 모형이라(롬 5:12-14)

또 예수 그리스도는 아담의 후손인 다윗왕의 후손이 되기도 합니다

(계 22:16, cf. 사 11:1, 10; 롬 15:12).

나 예수는 교회들을 위하여 내 사자를 보내어 이것들을 너희에게 증언하
게 하였노라 나는 다윗의 뿌리요 자손이니 곧 광명한 새벽 별이라 하시더
라(계 22:16)

다윗은 아담의 후손으로 이스라엘의 임금이 된 사람입니다. 예수 그
리스도께서 다윗의 후손이라는 의미는 하나님의 아들로서 하나님의
뜻을 이 땅에 실현하기 위해 왕(임금)의 후손으로 오셨다는 것입니다.

이 왕 중의 왕the King of kings은 그 권세를 하나님께로부터 받고, 하
나님께서는 그 임금을 통하여 해마다 갱신하던 계약을 영원한 계약으
로 전환시키셨습니다(삼하 7:1-17, 23:1-7). 예수 그리스도가 몸을 입
고 세상에 오신 이유 중 큰 비중을 차지하는 것은 불완전한 관계 회복
이 아닌 온전한 관계 회복입니다. 이를 위해 직접 세상 사람들에게 그
분의 피로 '생명의 복음계약서에 사인the sign of atonement'을 하러 오신
것입니다(요 1:12-14). 이 세상의 임금은 태어날 때부터 자기 백성의 죄
를 짊어지고 가야 합니다. 동시에 임금은 자기 백성을 심판하고 해방
하는 역할도 합니다. 예수 그리스도는 이런 역할을 하시기 위해 세상
에 몸을 입고 오신 것입니다.

그들이 암비볼리와 아볼로니아로 다녀가 데살로니가에 이르니 거기 유대인의 회당이 있는지라 2 바울이 자기의 관례대로 그들에게로 들어가서 세 안식일에 성경을 가지고 강론하며 3 뜻을 풀어 그리스도가 해를 받고 죽은 자 가운데서 다시 살아나야 할 것을 증언하고 이르되 내가 너희에게 전하는 이 예수가 곧 그리스도라 하니 4 그 중의 어떤 사람 곧 경건한 헬라인의 큰 무리와 적지 않은 귀부인도 권함을 받고 바울과 실라를 따르나 5 그러나 유대인들은 시기하여 저자의 어떤 불량한 사람들을 데리고 떼를 지어 성을 소동하게 하여 야손의 집에 침입하여 그들을 백성에게 끌어내려고 찾았으나 6 발견하지 못하매 야손과 몇 형제들을 끌고 읍장들 앞에 가서 소리 질러 이르되 천하를 어지럽게 하던 이 사람들이 여기도 이르매 7 야손이 그들을 맞아 들였도다 이 사람들이 다 가이사의 명을 거역하여 말하되 다른 임금 곧 예수라 하는 이가 있다 하더이다 하니 8 무리와 읍장들이 이 말을 듣고 소동하여 9 야손과 그 나머지 사람들에게 보석금을 받고 놓아 주니라(행 17:1-9)

또 충성된 증인으로 죽은 자들 가운데에서 먼저 나시고 땅의 임금들의 머리가 되신 예수 그리스도로 말미암아 은혜와 평강이 너희에게 있기를 원하노라 우리를 사랑하사 그의 피로 우리 죄에서 우리를 해방하시고(계 1:5)

(3) 예수 그리스도는 모든 사람을 구원하기 위해 육체로 오심

삼위일체 하나님이신 예수님이 모든 사람을 구원하기 위해 육체를 입으시고 세상에 오셨습니다. 동시에 사람들을 구원하시려는 그분의 사역은 십자가 위에서 흘린 피로 **영원한 생명계약서**에 사인sign-upon the everlasting covenant하셨기에 이제 그 이후로 효력이 온전하게 발생한 것입니다. 그분은 십자가에서 피 흘려 죽으심으로 모든 사람의 죄를 용서하셨다는 사인을 하셨습니다. 그리고 죽으신지 삼 일 만에 음부의 권세를 이기시고 다시 사셨습니다. 그래서 영원한 생명의 주인이 되셨습니다.

> 말씀이 육신이 되어 우리 가운데 거하시매 우리가 그의 영광을 보니 아버지의 독생자의 영광이요 은혜와 진리가 충만하더라(요 1:14)

> 하나님이 세상을 이처럼 사랑하사 독생자를 주셨으니 이는 그를 믿는 자마다 멸망하지 않고 영생을 얻게 하려 하심이라(요 3:16)

첫 번째 계약(아담계약)에 묶여 영spirit이 하나님 나라에 대해 이미 죽은 사람들은 그리스도 예수께서 흘리신 피로 죄씻김을 받고, 그분이 다시 사셔서 창조 당시의 영원한 생명을 회복시켜 주신 것을 믿으면 온전한 구원을 받습니다. 그리고 그리스도 예수는 구원받은 사람에게 제사장 직분을 허락하시는 대제사장이십니다(참조, 히 8:1-13).

멜기세덱과 같은 별다른 한 제사장이 일어난 것을 보니 더욱 분명하도다 16 그는 육신에 속한 한 계명의 법을 따르지 아니하고 오직 불멸의 생명의 능력을 따라 되었으니 17 증언하기를 네가 영원히 멜기세덱의 반차를 따르는 제사장이라 하였도다 18 전에 있던 계명은 연약하고 무익하므로 폐하고 19 (율법은 아무 것도 온전하게 못할지라) 이에 더 좋은 소망이 생기니 이것으로 우리가 하나님께 가까이 가느니라 20 또 예수께서 제사장이 되신 것은 맹세 없이 된 것이 아니니 21 (그들은 맹세 없이 제사장이 되었으되 오직 예수는 자기에게 말씀하신 이로 말미암아 맹세로 되신 것이라 주께서 맹세하시고 뉘우치지 아니하시리니 네가 영원히 제사장이라 하셨도다) 22 이와 같이 예수는 더 좋은 언약의 보증이 되셨느니라 23 제사장 된 그들의 수효가 많은 것은 죽음으로 말미암아 항상 있지 못함이로되 24 예수는 영원히 계시므로 그 제사장 직분도 갈리지 아니하느니라 25 그러므로 자기를 힘입어 하나님께 나아가는 자들을 온전히 구원하실 수 있으니 이는 그가 항상 살아 계셔서 그들을 위하여 간구하심이라 26 이러한 대제사장은 우리에게 합당하니 거룩하고 악이 없고 더러움이 없고 죄인에게서 떠나 계시고 하늘보다 높이 되신 이라 27 그는 저 대제사장들이 먼저 자기 죄를 위하고 다음에 백성의 죄를 위하여 날마다 제사 드리는 것과 같이 할 필요가 없으니 이는 그가 단번에 자기를 드려 이루셨음이라 28 율법은 약점을 가진 사람들을 제사장으로 세웠거니와 율법 후에 하신 맹세의 말씀은 영원히 온전하게 되신 아들을 세우셨느니라(히 7:15-28)

대제사장 되시는 그리스도 예수는 하나님과 사람 사이의 중보자가 되십니다. 그리고 중보자 예수 그리스도로 인해 아담의 첫 번째 계약에 묶여 있던 죄가 놓임을 받아 온전한 구원을 보장받게 되었습니다.

그러나 이제 그는 더 아름다운 직분을 얻으셨으니 그는 더 좋은 약속으로 세우신 더 좋은 언약의 중보자시라(히 8:6)

하나님은 한 분이시요 또 하나님과 사람 사이에 중보자도 한 분이시니 곧 사람이신 그리스도 예수라(딤전 2:5)

이로 말미암아 그는 새 언약의 중보자시니 이는 첫 언약 때에 범한 죄에서 속량하려고 죽으사 부르심을 입은 자로 하여금 영원한 기업의 약속을 얻게 하려 하심이라(히 9:15)

(4) 예수 그리스도는 살아 계신 하나님의 아들

하나님께서는 예수께서 물로 세례를 받고 난 후 바로 직접 성령 하나님께서 나타나셔서 "그는 내 사랑하는 아들이라"고 말씀하셨습니다.

예수께서 세례를 받으시고 곧 물에서 올라오실새 하늘이 열리고 하나님의 성령이 비둘기 같이 내려 자기 위에 임하심을 보시더니 17 하늘로부터 소리가 있어 말씀하시되 이는 내 사랑하는 아들이요 내 기뻐하는 자라

하시니라(마 3:16-17)

예수님께서 하나님의 약속을 이루기 위해 십자가에서 돌아가시자마자 그 주변을 지키던 사람들이 큰 지진과 그 일어난 일을 보면서 "저분은 하나님의 아들이었다"라고 고백합니다.

백부장과 및 함께 예수를 지키던 자들이 지진과 그 일어난 일들을 보고 심히 두려워하여 이르되 이는 진실로 하나님의 아들이었도다 하더라(마 27:54)

사람이 타락한 이후에도, 아버지 하나님은 모든 사람을 여전히 사랑하셔서 늘 때가 차기를 기다리시다가 마침내 그 아들 예수 그리스도에게 육체를 입게 하시고 세상에 보내셨습니다. 그리고 그 아들 안에는 영원한 생명이 있음을 말씀하셨습니다. 하나님은 모든 사람을 구원하시기 위해 성경의 약속대로 예수 그리스도를 십자가 위에서 못 박혀 죽게 했습니다. 그분은 그리스도 예수의 피흘림을 통해 모든 사람의 죄를 용서해 주셨습니다. 그러므로 십자가에 못 박혀 피 흘려 돌아가신 예수님을 받아들이는 사람은 누구든지 죄사함(죄용서)을 받습니다.

하나님은 예수님을 죽은 지 삼 일 만에 죽은 자 가운데서 다시 살아

나게 하셨습니다. 이제 다시 사신 그리스도 예수를 생명의 주인으로 받아들이는 사람은 영원한 생명이 회복될 뿐 아니라 보장됩니다. 지금은 세 번째 하늘에 올라 하나님 우편에 계십니다. 그리고 세상을 심판하기 위해 두 번째 세상에 오실 것입니다. 이것을 '생명복음', 혹은 '그리스도의 복음'이라고 합니다.

> 십자가의 도가 멸망하는 자들에게는 미련한 것이요 구원을 받는 우리에게는 하나님의 능력이라(고전 1:18)

> 또 증거는 이것이니 하나님이 우리에게 영생을 주신 것과 이 생명이 그의 아들 안에 있는 그것이니라(요일 5:11)

하나님께 대하여 지은 (원)죄를 회개하고 죄사함을 받은 후, 이 영원한 생명복음이신 예수 그리스도를 받아들일 때 온전한 구원을 받습니다.

바울이 밀레도에서 사람을 에베소로 보내어 교회 장로들을 청하니 18 오매 그들에게 말하되 아시아에 들어온 첫날부터 지금까지 내가 항상 여러분 가운데서 어떻게 행하였는지를 여러분도 아는 바니 19 곧 모든 겸손과 눈물이며 유대인의 간계로 말미암아 당한 시험을 참고 주를 섬긴 것과 20 유익한 것은 무엇이든지 공중 앞에서나 각 집에서나 거리낌이 없이 여러분에게 전하여 가르치고 21 유대인과 헬라인들에게 하나님께 대한 회개와 우리 주 예수 그리스도께 대한 믿음을 증언한 것이라 (행 20:17-21)

혼soul의 연합체가 마음을 통해 그리스도의 죽으심과 부활을 입으로 시인할 때 드디어 육체 속 깊이 감금되어 마비된, 이미 하나님 나라에 대하여 죽은 사람의 영을 성령 하나님께서 직접 교제하시기 위해 다시 회복시키십니다. 이것을 생명회복이라고 합니다. 이 단계까지 바로 '영에 속한 양심'이 성령감동을 받아 사역을 합니다. 그렇지만 생명 구원에 있어서 양심은 그 이상도 그 이하도 아닙니다. 단지 성령 하나님께서 하시는 사역을 책임을 다해 진행하는 것뿐입니다. 그러므로 모든 생명의 구원 과정은 성령 하나님의 전적인 사역입니다. 엄격히 말하면 삼위일체 하나님의 전적인 사역입니다.

양심consciousness은 여전히 파수꾼으로 자기 위치를 지키면서 육체가 흙으로 돌아갈 때까지 육체 안에 머물게 됩니다. 그리고 사람의 영이 회복되어 강해지면서 동시에 양심도 소멸되지 않고 성장하고 성숙합니다. 사람의 영이 마비된 상태에서 회복되면 하나님은 사람의 영과 교제하십니다. 양심은 영의 지시를 받을 뿐이며 혹시 또 영혼과 육체가 거룩성을 잃을지도 모를 것을 대비하여 '영적 경찰 임무'를 게을리하지 않습니다. 드디어 생명 회복된 사람의 영은 자신의 혼을 관리하고 다스리면서 하나님과의 온전한 교제를 이루어 나가기 시작합니다.

이 단계에 속한 거듭난 사람을 육적인 그리스도인이라고 합니다.

처음 하나님의 복음을 받아들여 거듭나는 체험을 할 때 동시에 성령 세례를 받는다고 말하는 것은 잘못된 경험이나 지식에서 비롯된 것입니다. 하나님의 영을 이해하지 못한 발언이며 행동입니다. 성령체험도 같은 성령 하나님의 사역이지만 그 경험의 단계가 있습니다. **죄사함 받고 처음 복음을 받아들인 상태는 어머니의 배 안에서 잠자던 어린 아기가 이제 막 세상에 나온 상태와 같습니다.** 생명으로 태어난 것은 분명한데 혼자 할 수 있는 일은 전혀 없습니다. 혼자서 먹지도 못합니다. 옷을 입지도 못합니다. 언어는 고작해야 웃거나 우는 것으로 대신합니다. 우유밖에 다른 것은 소화해 낼 수 없는 나약한 생명입니다.

혼의 연합체로서 사람의 마음이 하나님께로 돌아서서 회심하고, 이미 하나님 나라에 대하여 죽은 사람의 영이 온전한 하나님의 복음으로 거듭나면, 이때부터 그 사람의 영은 회복된 영으로서 하나님과 교제를 시작합니다. 그렇게 된 후, 더 깊은 영적 세계를 체험하고자 갈망하는 하나님의 사람들에게 성령 하나님께서 영적인 능력을 사용할 수 있도록 직접 만나주시는데, 이러한 영적 상태를 **성령세례**라고 합니다. 이것은 혼자 스스로 먹고, 입으며 말을 배워 의사소통이 가능한 어린아이와 같은 영의 성장 단계입니다.

그러므로 죄사함받고 복음을 받아들여 구원을 받은 상태를 성령세례라고 말하는 것은 어린 아기가 태어나자마자 걷기도 하고 뛰기도 하며 성숙한 언어를 사용하여 의사소통을 원활히 할 수 있다고 말하는 것과 같기에 영적 상태를 제대로 구분하지 못한 영적 무지에서 비롯된 것입니다. 육적인 그리스도인은 온전한 구원이 시작되어 영원한 생명을 회복한 사람입니다. 그렇지만 아직 영적으로는 나약한 상태의 그리스도인입니다. 성령세례를 받으면 영적으로 나약하던 그리스도인이 하나님의 능력이 회복되면서 영적으로 강해지기 시작합니다.

자! 이제 다시 점검하십시오.

생명구원을 받기 위해서는 죄사함받은 사실을 먼저 분명하게 확인해야 합니다. 그러면 죄의 결과인 허물은 자연스럽게 자백될 것입니다.

이제 진심으로 회개가 이루어졌으면, 마귀 세력에게 지배받던 마음의 문을 닫고 하나님과 교제를 선언하는 마음의 문을 열어야 합니다. 마귀 세력의 유혹에 넘어간 것은 혼, 즉 의지, 감정 그리고 마음의 연합적 선택이었듯이, 단절된 하나님과의 관계를 회복하기 위해서도 사람의 의지, 감정, 그리고 마음의 하나된 확실한 선택과 선언이 필요합니다. 이것을 회심이라고 합니다. 물세례는 회심을 확인하는 예식에 불과합니다.

물은 예수 그리스도께서 부활하심으로 말미암아 이제 너희를 구원하는 표니 곧 세례라 이는 육체의 더러운 것을 제하여 버림이 아니요 하나님을 향한 선한 양심의 간구니라(벧전 3:21)

회개는 영적으로는 물로 씻는 과정입니다.
이것은 세례 요한에게 내리신 말씀에서도 확연히 드러납니다.

요한이 요단 강 부근 각처에 와서 죄 사함을 받게 하는 회개의 세례를 전파하니 4 선지자 이사야의 책에 쓴 바 광야에서 외치는 자의 소리가 있어 이르되 너희는 주의 길을 준비하라 그의 오실 길을 곧게 하라 5 모든 골짜기가 메워지고 모든 산과 작은 산이 낮아지고 굽은 것이 곧아지고 험한 길이 평탄하여질 것이요 6 모든 육체가 하나님의 구원하심을 보리라 함과 같으니라(눅 3:3-6)

2. 죄사함 없는 신앙고백은 가짜 구원

회개를 통해 죄사함받고 회심이 이루어진 사람은 이새의 뿌리로 육체 가운데 오신 예수님을 왕, 곧 자신의 주인으로 그리고 구원자 redeemer로 고백해야 합니다. 만약 회개를 통한 분명한 죄사함의 확인 없이, 다시 말하면 하나님과의 관계가 제대로 회복되지 않은 상태에서 이런 고백을 한다면 그것은 온전히 구원받은 것이 아닙니다. 죄의 결과만 자백하고 신앙고백을 했다면 그것도 가짜 구원입니다. 이것은 마귀 세력이 유도하는 짝통 구원입니다. 반드시 죄를 회개하고 원죄와 자범죄와 허물의 용서를 받은 후 예수를 주님the Lord과 그리스도 Christ로 믿음고백을 해야 온전한 구원을 받습니다.

영접하는 자 곧 그 이름을 믿는 자들에게는 하나님의 자녀가 되는 권세를 주셨으니 13 이는 혈통으로나 육정으로나 사람의 뜻으로 나지 아니하고 오직 하나님께로부터 난 자들이니라 14 말씀이 육신이 되어 우리 가운데 거하시매 우리가 그의 영광을 보니 아버지의 독생자의 영광이요 은 혜와 진리가 충만하더라 15 요한이 그에 대하여 증언하여 외쳐 이르되 내가 전에 말하기를 내 뒤에 오시는 이가 나보다 앞선 것은 나보다 먼저 계심이라 한 것이 이 사람을 가리킴이라 하니라 (요 1:12-15)

니고데모가 이르되 사람이 늙으면 어떻게 날 수 있사옵나이까 두 번째 모태에 들어갔다가 날 수 있사옵나이까 5 예수께서 대답하시되 진실로 진실로 네게 이르노니 사람이 물과 성령으로 나지 아니하면 하나님의 나라에 들어갈 수 없느니라 (요 3:4-5)

물과 성령으로 거듭난다는 것은 무엇을 의미합니까? 물은 죄사함받은 것을 의미합니다. 그와 동시에 하나님과의 관계가 회복되면서 하나님께 향하는 마음이 계속 솟아나는 것입니다. 그렇게 되면 성령께서 계속 양심을 통해 지시하셔서 깨끗해진 마음을 격려하여 복음을 받아들이게 합니다. 그리고 반드시 입으로 죄와 허물을 시인하게 합니다. 그렇게 될 때 허물이 죄를 낳아 죽음이 시작되었던 타락 당시의 생명에서 창조 당시의 생명, 곧 온전한 생명이 회복됩니다. 이런 사람은 하나님 나라에 넉넉히 들어갈 수 있습니다. 너무 행복해지는 순간입니다. 이 모든 거듭남의 과정은 성령감동으로 시작됩니다.

생명구원은 성령감동 없이 절대로 가능하지 않습니다.

죄사함을 받고 생명의 기쁜 소식을 받아들이는 것은 전적으로 성령 하나님의 사역입니다. 성령감동 없이는 온전한 구원을 이루기 어렵습니다.

> 그의 성령을 우리에게 주시므로 우리가 그 안에 거하고 그가 우리 안에 거하시는 줄을 아느니라 14 아버지가 아들을 세상의 구주로 보내신 것을 우리가 보았고 또 증언하노니 15 누구든지 예수를 하나님의 아들이라 시인하면 하나님이 그의 안에 거하시고 그도 하나님 안에 거하느니라(요일 4:13-15)

죄를 깨달아 회개하므로 죄사함을 받으면 이렇게 믿음고백을 해야 합니다.

예수는 Jesus is

나의 임금(주)이시요, my King (my Lord)

그리스도이시요, the Christ

살아계신 하나님의 아들이십니다. the son of the living God.

(행 5:31; 마 16:16; 요 11:27; 계 1:5-6)

베드로와 사도들이 대답하여 이르되 사람보다 하나님께 순종하는 것이 마땅하니라 30 너희가 나무에 달아 죽인 예수를 우리 조상의 하나님이 살리시고 31 이스라엘에게 회개함과 죄 사함을 주시려고 그를 오른손으로 높이사 임금과 구주로 삼으셨느니라 32 우리는 이 일에 증인이요 하나님이 자기에게 순종하는 사람들에게 주신 성령도 그러하니라 하더라 (행 5:29-32)

시몬 베드로가 대답하여 이르되 주는 그리스도시요 살아계신 하나님의 아들이시니이다(마 16:16)

예수께서 이르시되 나는 부활이요 생명이니 나를 믿는 자는 죽어도 살겠고 26 무릇 살아서 나를 믿는 자는 영원히 죽지 아니하리니 이것을 네가 믿느냐 27 이르되 주여 그러하외다 주는 그리스도시요 세상에 오시는 하나님의 아들이신 줄 내가 믿나이다(요 11:25-27)

또 충성된 증인으로 죽은 자들 가운데에서 먼저 나시고 땅의 임금들의 머리가 되신 예수 그리스도로 말미암아 은혜와 평강이 너희에게 있기를 원하노라 우리를 사랑하사 그의 피로 우리 죄에서 우리를 해방하시고 6 그의 아버지 하나님을 위하여 우리를 나라와 제사장으로 삼으신 그에게 영광과 능력이 세세토록 있기를 원하노라 아멘(계 1:5-6)

3. 이제 이렇게 기도합시다.

창조주 하나님!

그동안 아버지와 단절된 관계를 가지고 살아온 저의 원죄를 회개합니다.

그리고 아버지와 관계를 소홀히 여기며 살아온 저의 자범죄도 회개합니다.

또 지금까지 주변 형제자매에게 저지른 허물도 회개합니다.

저의 모든 죄와 허물을 용서해 주옵소서.

혹시 모르고 지은 죄와 허물도 용서해 주시옵소서.

저는 삼위일체 하나님을 분명히 믿습니다.

저는 하나님이 나의 아버지이심을 분명히 믿습니다.

저는 예수님이 나의 구세주이시고 영원한 죽음으로부터 나의 생명을 구원하시기 위해 이 땅에 오신 생명의 임금이심을 분명히 믿습니다.

저는 성령 하나님이 저의 온전한 인도자되심을 분명히 믿습니다.

지금

저는 아버지 하나님으로부터 죄용서 받았음을 분명히 믿습니다.

저는 예수님이 삼위일체 하나님이시고 나의 임금(주인), 구원자, 그리고 살아 계신 하나님의 아들이심을 분명히 믿습니다.

삼위일체 하나님

지금부터 영원까지 저의 주인이 되어 주옵소서

아버지 하나님

아들 하나님

성령 하나님

저의 생명을 구원해 주셔서 고맙습니다.

예수 그리스도의 이름으로 기도합니다.

아멘.

| 5장 |

온전한 구원의
특권을 누리자

1. 지옥의 문을 두드리는 자칭 그리스도인

하나님은 아직도 인정해 주시지 않는데, 우리 주변에는 '자칭 그리스도인'이라고 말하는 '짝퉁 그리스도인'이 많습니다. 우리는 악한 영의 유혹에 속아 넘어가 영분별 없이 스스로 자기 만족과 자기 위로에 빠져 온전한 구원을 놓치고 사는 짝퉁 그리스도인을 쉽게 발견합니다. 하나님과의 관계가 회복되어 그분의 사랑이 구체적으로 열매로 드러나지 않는 한 온전한 구원은 결코 이루어지지 않습니다. 구원은 스스로의 감정적 만족이나 의지적 결단, 혹은 마음의 동요로 인해 얻을 수 있는 것이 아닙니다. 성령 하나님의 감동으로 (원)죄의 실체를 알고 회개함으로 죄사함을 받아야 합니다. 그래야만 에덴동산에서 쫓겨나면서 단절되었던 하나님과 사람 사이의 관계relationship가 회복됩니다. 그리고 나서 예수님을 임금으로 구세주로, 그리고 살아 계신 하나님의 아들로 믿을 때 진정으로 거듭난 그리스도인born-again christian이 됩니다. 분명한 죄사함의 기쁨이 없이 단지 예수 그리스도만 믿을 때 빗나간 그리스도인a foul Christian, 혹은 가짜 그리스도인a fake Christian이 됩니다. 이런 사람은 하나님 나라에 들어가는 문 앞에서 주님께서 모른다고 말씀하실 것입니다.

예수 그리스도께서는 직접 온전한 구원perfect salvation을 받는 절차를 말씀해 주셨습니다.

> 요한이 잡힌 후 예수께서 갈릴리에 오셔서 하나님의 복음을 전파하여 15 이르시되 때가 찼고 하나님 나라가 가까이 왔으니 회개하고 복음을 믿으라 하시더라(막 1:14-15)

나도 나사렛 예수의 이름을 대적하여 많은 일을 행하여야 될 줄 스스로 생각하고 10 예루살렘에서 이런 일을 행하여 대제사장들에게서 권한을 받아 가지고 많은 성도를 옥에 가두며 또 죽일 때에 내가 찬성 투표를 하였고 11 또 모든 회당에서 여러 번 형벌하여 강제로 모독하는 말을 하게 하고 그들에 대하여 심히 격분하여 외국 성에까지 가서 박해하였고 12 그 일로 대제사장들의 권한과 위임을 받고 다메섹으로 갔나이다 13 왕이여 정오가 되어 길에서 보니 하늘로부터 해보다 더 밝은 빛이 나와 내 동행들을 둘러 비추는지라 14 우리가 다 땅에 엎드러지매 내가 소리를 들으니 히브리 말로 이르되 사울아 사울아 네가 어찌하여 나를 박해하느냐 가시채를 뒷발질하기가 네게 고생이니라 15 내가 대답하되 주님 누구시니이까 주께서 이르시되 나는 네가 박해하는 예수라 16 일어나 너의 발로 서라 내가 네게 나타난 것은 곧 네가 나를 본 일과 장차 내가 네게 나타날 일에 너로 종과 증인을 삼으려 함이니 17 이스라엘과 이방인들에게서 내가 너를 구원하여 그들에게 보내어 18 그 눈을 뜨게 하여 어둠에서 빛으로, 사탄의 권세에서 하나님께로 돌아오게 하고 죄 사함과 나를 믿어 거룩하게 된 무리 가운데서 기업을 얻게 하리라 하더이다(행 26:9-18. 참고, 행 20:21)

회개하고 죄사함받은 후, 나사렛 예수를 그리스도와 생명의 주인으로 믿어야 온전한 구원을 받는다고 예수님이 직접 말씀하고 계십니다. 그렇다면 회개가 그토록 중요한 이유는 무엇입니까?

2. 온전한 구원의 특권

(1) 회개는 죄사함과 동시에 하나님과의 관계를 회복시킵니다.

그러면 어떠하냐 우리는 나으냐 결코 아니라 유대인이나 헬라인이나 다 죄 아래에 있다고 우리가 이미 선언하였느니라 10 기록된 바 의인은 없나니 하나도 없으며 11 깨닫는 자도 없고 하나님을 찾는 자도 없고 12 다 치우쳐 함께 무익하게 되고 선을 행하는 자는 없나니 하나도 없도다 13 그들의 목구멍은 열린 무덤이요 그 혀로는 속임을 일삼으며 그 입술에는 독사의 독이 있고 14 그 입에는 저주와 악독이 가득하고 15 그 발은 피 흘리는 데 빠른지라 16 파멸과 고생이 그 길에 있어 17 평강의 길을 알지 못하였고 18 그들의 눈 앞에 하나님을 두려워함이 없느니라 함과 같으니라 19 우리가 알거니와 무릇 율법이 말하는 바는 율법 아래에 있는 자들에게 말하는 것이니 이는 모든 입을 막고 온 세상으로 하나님의 심판 아래에 있게 하려 함이라 20 그러므로 율법의 행위로 그의 앞에 의롭다 하심을 얻을 육체가 없나니 율법으로는 죄를 깨달음이니라(롬 3:9-20. 참고, 시 14:1-3, 53:1-3; 전 7:20; 시 5:9, 140:3, 10:7)

회개는 성령의 감동을 힘입어 죄를 고백하면서 혼과 육체를 깨끗하게 만듭니다. 그리고 동시에 죄사함의 기쁨을 갖습니다. 이때 동시다발적으로 성령을 선물로 받게 됩니다.

베드로가 이르되 너희가 회개하여 각각 예수 그리스도의 이름으로 세례를 받고 죄 사함을 받으라 그리하면 성령의 선물을 받으리니(행 2:38)

이렇게 회개를 통해 죄사함the forgiveness of sin이 이루어지면 하나님께서는 그분과의 관계를 온전히 회복시켜 주십니다. 그러면 마귀 세력에게 빼앗겼던 권력power과 권세authority가 회복되면서 원죄original sin가 온전히 해결됩니다. 그리고 지금까지 알고 혹은 모르고 지은 모든 자범죄self-committed sin와 허물transgression이 동시에 용서됩니다. 그러면서 혼의 연합체로서 마음의 문이 성령 하나님께로 활짝 열리게 됩니다. 그렇지만 신중하게 생각해야 할 것이 하나 있습니다. 하나님과의 관계가 회복되었더라도, 자범죄에서 면제되었거나 허물이 감춰진다는 의미는 아닙니다. 그와는 반대로, 오히려 죄에 대하여 더욱 민감해집니다. 그리고 사랑에 대해 민감해집니다. 그래서 '나에게 이렇게 많은 자범죄와 허물이 있었구나' 확실히 알게 됩니다. 하나님을 아버지로 친근하게 부르지 못했던 죄를 고백하게 됩니다. 그리고 혈과 육에 대한 전쟁에 참여하느라 지친 자신의 모습을 발견하게 됩니다.

> 율법이 들어온 것은 범죄를 더하게 하려 함이라 그러나 죄가 더한 곳에
> 은혜가 더욱 넘쳤나니(롬 5:20)

원망, 미움, 거짓말, 오해, 질투, 위선으로 가득 찬 '혼의 상태'를 구체적으로 발견합니다. 하나님을 알지 못했기에 사랑할 수 없었습니다. 회개란 이렇듯 하나님과 어긋난 관계에서 맺어진 그릇된 사랑의 열매를 고백하는 것입니다. 그렇게 되면 하나님이 즉시 용서하십니다. 그리고 회개한 죄와 허물은 두 번 다시 묻지 않으십니다. 비록 그것이 다른 사람에게 치명적인 고통을 준 경우일지라도, 회개하면 더 이상 묻지 않습니다. 이것이 하나님의 사랑입니다. 이런 마음으로 주변 사람을 바라보게 하십니다. 그리고 그 주변 사람들 모두가 형제자매인 것을 알게 하십니다. 또한 우리의 적enemy은 사람이 아니라 악한 영 evil spirit, the devil인 것을 알게 됩니다.

(2) 죄를 회개한 후, 그리스도 예수를 영접하면 영원한 생명이 회복됩니다.

동시에 자녀의 신분이 회복됩니다. 또 온전한 사랑의 뿌리도 회복됩니다.

회개 후 죄사함을 받고 나서 생명의 기쁜 소식을 받아들이라고 예수 님께서 말씀하십니다. 생명의 기쁜 소식이란 이런 것입니다.

아브라함과 이삭과 야곱의 하나님 곧 우리 조상의 하나님이 그의 종 예수를 영화롭게 하셨느니라 너희가 그를 넘겨 주고 빌라도가 놓아 주기로 결의한 것을 너희가 그 앞에서 거부하였으니 14 너희가 거룩하고 의로운 이를 거부하고 도리어 살인한 사람을 놓아 주기를 구하여 15 생명의 주를 죽였도다 그러나 하나님이 죽은 자 가운데서 그를 살리셨으니 우리가 이 일에 증인이라(행 3:13-15)

내가 또 말하노니 유업을 이을 자가 모든 것의 주인이나 어렸을 동안에는 종과 다름이 없어서 2 그 아버지가 정한 때까지 후견인과 청지기 아래에 있나니 3 이와 같이 우리도 어렸을 때에 이 세상의 초등학문 아래에 있어서 종 노릇 하였더니 4 때가 차매 하나님이 그 아들을 보내사 여자에게서 나게 하시고 율법 아래에 나게 하신 것은 5 율법 아래에 있는 자들을 속량하시고 우리로 아들의 명분을 얻게 하려 하심이라 6 너희가 아들이므로 하나님이 그 아들의 영을 우리 마음 가운데 보내사 아빠 아버지라 부르게 하셨느니라 7 그러므로 네가 이 후로는 종이 아니요 아들이니 아들이면 하나님으로 말미암아 유업을 받을 자니라(갈 4:1-7)

말씀이신 예수 그리스도께서 생명의 주로 육체를 입으시고 세상으로 오셨습니다. 그런데 사람(나, 혹은 우리)이 그분을 십자가에 못 박아 피 흘려 죽게 했습니다. 그러나 아버지 하나님은 그분을 죽은 자 가운데서 다시 살리셨습니다. 이것을 '교회공동체의 복음'이라고 합니다. 죄를 회개하면 십자가에 죽으셔서 흘리신 예수 그리스도의 피가 타락한 사람(나 혹은 우리)의 죄를 다 씻어 죄사함을 주십니다. 그리고 다시 사신 예수를 그리스도로 믿을 때 영원한 생명이 주어지고 자녀의 신분도 회복됩니다.

> 참 빛 곧 세상에 와서 각 사람에게 비추는 빛이 있었나니 10 그가 세상에 계셨으며 세상은 그로 말미암아 지은 바 되었으되 세상이 그를 알지 못하였고 11 자기 땅에 오매 자기 백성이 영접하지 아니하였으나 12 영접하는 자 곧 그 이름을 믿는 자들에게는 하나님의 자녀가 되는 권세를 주셨으니 13 이는 혈통으로나 육정으로나 사람의 뜻으로 나지 아니하고 오직 하나님께로부터 난 자들이니라 (요 1:9-13)

그와 동시에 하나님께서 주시는 온전한 사랑의 뿌리(긍휼, 자비, 겸손, 온유, 오래 참음)가 회복됩니다.

> 그러므로 너희는 하나님이 택하사 거룩하고 사랑 받는 자처럼 긍휼과 자비와 겸손과 온유와 오래 참음을 옷 입고 (골 3:12)

회개한 사람이 악한 영으로부터 돌아서서 예수 그리스도께 나아와 예수 그리스도를 믿는 순간 구원이 시작됩니다. 그리고 그가 하나님의 생명의 영을 환영하였기에 '영원한 생명'을 얻게 됩니다. 이것을 최초로 경험할 때 교회공동체 안에서는 '회심conversion'이라고 말합니다.

> 그러므로 너희가 회개하고 돌이켜 너희 죄 없이 함을 받으라 이같이 하면 새롭게 되는 날이 주 앞으로부터 이를 것이요(행 3:19)

이후로는 회개한 의인이 되어 사랑의 열매를 맺을 수 있습니다. 예수를 영접하기 전 마귀의 자녀로 살 때는 온전한 사랑의 열매를 맺을 수 없었습니다. 왜냐하면 온전한 사랑의 뿌리가 죽었기 때문이죠. 온전한 복음을 받아들인 사람은 사랑의 뿌리가 회복되면서 사랑의 열매를 맺을 수 있습니다. 이런 사람은 교회공동체의 복음의 증인으로 살 수밖에 없습니다.

사람은 창조될 때, 영원한 생명과 하나님의 사랑을 가지고 있었습니다. 그런데 하나님께 **불순종한 결과**(허물, 엡 2:5)로 **원죄**original sin를 범하게 됩니다. 그 이후로 사람의 영은 하나님과 하나님 나라에 대해 죽었습니다. 여기서 '죽었다'라는 표현은 하나님과의 관계가 단절된 상태를 말합니다. 동시에 온전한 사랑의 뿌리도 끊어졌습니다. 영원한 생명과 하나님 나라의 상속권도 모두 박탈되었습니다. 그리고 육체 안에서는 마비된 영(살아있지만 스스로 회복될 수 없는 영, 혹은 육체에 갇힌 채 활동할 수 없는 영)으로 갇혀 살고 있었습니다. 그러한 가운데 하나님께서 이미 계획하셨던 대로, 말씀이 육체가 되어 사람 가운데 오셨습니다. 그 이유는 단 한 가지입니다. 이미 창조주 하나님과의 관계가 깨어져 영원한 형벌을 받게 된 영으로, 육체에 갇힌 채 활동할 수 없는 **사람의 영**을 회복시키기 위해 말씀이신 그리스도 예수께서 육체를 입으시고 세상으로 오셨습니다.

그러므로 **누구든지** 그분을 왕(주인)과 그리스도로 영접하면 잃어버렸던 영원한 생명을 회복 받습니다. 동시에 예수님은 온전한 사랑의 씨앗을 사람의 마음 밭에 심어 주십니다. 이것은 사람 안에 온전한 사랑의 뿌리가 다시 회복된 것을 말합니다. 사도행전 3장 19절에서 사도 베드로는 "회개하면, 새롭게 되는 날이 주 앞으로부터 이를 것"이라고 말합니다. 회개하고 주님을 영접하면 영원한 생명이 온전히 회복됩니다. 이것을 온전한 구원perfect salvation이라고 말합니다. 회개가 이루어지면 순차적으로 온전히 구원받는 날을 주께서 선물로 주신다는 약속입니다. 이것은 사람이 사랑하며 살 수 있는 존재로 다시 부름받게 된 것을 말합니다.

하나님이 세상을 이처럼 사랑하사 독생자를 주셨으니 이는 그를 믿는 자마다 멸망하지 않고 영생을 얻게 하려 하심이라 17 하나님이 그 아들을 세상에 보내신 것은 세상을 심판하려 하심이 아니요 그로 말미암아 세상이 구원을 받게 하려 하심이라 18 그를 믿는 자는 심판을 받지 아니하는 것이요 믿지 아니하는 자는 하나님의 독생자의 이름을 믿지 아니하므로 벌써 심판을 받은 것이니라 19 그 정죄는 이것이니 곧 빛이 세상에 왔으되 사람들이 자기 행위가 악하므로 빛보다 어둠을 더 사랑한 것이니라 20 악을 행하는 자마다 빛을 미워하여 빛으로 오지 아니하나니 이는 그 행위가 드러날까 함이요 21 진리를 따르는 자는 빛으로 오나니 이는 그 행위가 하나님 안에서 행한 것임을 나타내려 함이라 하시니라(요 3:16-21)

하나님의 사랑이 우리에게 이렇게 나타난 바 되었으니 하나님이 자기의 독생자를 세상에 보내심은 그로 말미암아 우리를 살리려 하심이라 10 사랑은 여기 있으니 우리가 하나님을 사랑한 것이 아니요 하나님이 우리를 사랑하사 우리 죄를 속하기 위하여 화목 제물로 그 아들을 보내셨음이라 11 사랑하는 자들아 하나님이 이같이 우리를 사랑하셨은즉 우리도 서로 사랑하는 것이 마땅하도다 12 어느 때나 하나님을 본 사람이 없으되 만일 우리가 서로 사랑하면 하나님이 우리 안에 거하시고 그의 사랑이 우리 안에 온전히 이루어지느니라(요일 4:9-12)

온전한 구원은 죄사함받고 말씀에 대한 모든 것을 수용하고 순종할 때 시작됩니다. 말씀은 예수 그리스도이십니다. 말씀은 생명입니다. 말씀은 하나님의 사랑입니다. 그리고 이 말씀이 세상에 육체를 입으시고 오셨습니다. 예언된 말씀logos이 계시된 말씀rhema으로 오신 것입니다. 예수 그리스도를 영접하면 예언과 계시를 영접하는 것입니다. 그리고 그 예언과 계시를 통해 구원이 시작되고 완성됩니다. 그러므로 성경logos을 읽고 오늘 주시는 말씀rhema을 받을 때 구원을 완성해 갈 수 있습니다.

사도행전 3장 22-24절 말씀입니다.

> 모세가 말하되 주 하나님이 너희를 위하여 너희 형제 가운데서 나 같은 선지자 하나를 세울 것이니 너희가 무엇이든지 그의 모든 말을 들을 것이라 23 누구든지 그 선지자의 말을 듣지 아니하는 자는 백성 중에서 멸망 받으리라 하였고 24 또한 사무엘 때부터 이어 말한 모든 선지자도 이 때를 가리켜 말하였느니라(행 3:22-24)

모세가 예언한 대로 계시인 말씀이 육체가 되어 세상에 오셨습니다. 그분이 예수 그리스도이십니다. 그분을 영접하면 영원한 생명을 회복받습니다. 그리고 동시에 온전한 사랑의 뿌리가 회복됩니다. 그러나 그분을 영접하지 않고 불순종하면 멸망을 받아 영원한 지옥 형벌을 받습니다.

(3) 회개 후, 그리스도 예수를 영접하여 그리스도인이 되면 하나님 나라의 상속권이 회복됩니다.

너희가 육신대로 살면 반드시 죽을 것이로되 영으로써 몸의 행실을 죽이면 살리니 14 무릇 하나님의 영으로 인도함을 받는 사람은 곧 하나님의 아들이라 15 너희는 다시 무서워하는 종의 영을 받지 아니하고 양자의 영을 받았으므로 우리가 아빠 아버지라고 부르짖느니라 16 성령이 친히 우리의 영과 더불어 우리가 하나님의 자녀인 것을 증언하시나니 17 자녀이면 또한 상속자 곧 하나님의 상속자요 그리스도와 함께 한 상속자니 우리가 그와 함께 영광을 받기 위하여 고난도 함께 받아야 할 것이니라 18 생각하건대 현재의 고난은 장차 우리에게 나타날 영광과 비교할 수 없도다 (롬 8:13-18)

하나님 나라를 상징하는 에덴동산은 사람의 왕으로 창조된 아담에게 이미 상속된 것입니다. 그런데 마귀 세력의 유혹에 넘어가 에덴동산에서 쫓겨난 이후 상속자의 신분이었던 아담은 나그네 신세가 되었습니다. 그의 몸은 살았으나 영은 죽은 자(엄격히 말해 영이 마비된 자)가 된 것입니다. 수고하고 땀을 흘려야 먹을 것, 마실 것을 얻을 수 있게 되었습니다. 참으로 비참한 신세가 된 것입니다. 그러나 나그네 신세인 죄인이 아버지께로 돌아오면 모든 것이 달라집니다. 하나님 아버지와 그분의 나라the kingdom of God를 떠나 살아왔던 것, 즉 (원)죄를 온전히 회개하고 죄사함받은 후, 예수님을 구세주로 영접하면 그는 상속자의 신분을 다시 취득하게 됩니다. 그렇게 될 때 그 사람은 자녀로서 후사, 곧 상속자로서 '약속의 유업'을 이을 자가 됩니다.

너희가 그리스도의 것이면 곧 아브라함의 자손이요 약속대로 유업을 이을 자니라(갈 3:29)

하나님 나라의 상속자의 신분이 확실히 회복된 예를 성경에서 봅니다.

또 이르시되 어떤 사람에게 두 아들이 있는데 12 그 둘째가 아버지에게 말하되 아버지여 재산 중에서 내게 돌아올 분깃을 내게 주소서 하는지라 아버지가 그 살림을 각각 나눠 주었더니 13 그 후 며칠이 안 되어 둘째 아들이 재물을 다 모아 가지고 먼 나라에 가 거기서 허랑방탕하여 그 재산을 낭비하더니 14 다 없앤 후 그 나라에 크게 흉년이 들어 그가 비로소 궁핍한지라 15 가서 그 나라 백성 중 한 사람에게 붙여 사니 그가 그를 들로 보내어 돼지를 치게 하였는데 16 그가 돼지 먹는 쥐엄 열매로 배를 채우고자 하되 주는 자가 없는지라 17 이에 스스로 돌이켜 이르되 내 아버지에게는 양식이 풍족한 품꾼이 얼마나 많은가 나는 여기서 주려 죽는구나 18 내가 일어나 아버지께 가서 이르기를 아버지 내가 하늘과 아버지께 죄를 지었사오니 19 지금부터는 아버지의 아들이라 일컬음을 감당하지 못하겠나이다 나를 품꾼의 하나로 보소서 하리라 하고 20 이에 일어나서 아버지께로 돌아가니라 아직도 거리가 먼데 아버지가 그를 보고 측은히 여겨 달려가 목을 안고 입을 맞추니 21 아들이 이르되 아버지 내가 하늘과 아버지께 죄를 지었사오니 지금부터는 아버지의 아들이라 일컬음을 감당하지 못하겠나이다 하나 22 아버지는 종들에게 이르되 제일 좋은 옷을 내어다가 입히고 손에 가락지를 끼우고 발에 신을 신기라 23 그리고 살진 송아지를 끌어다가 잡으라 우리가 먹고 즐기자 24 이 내 아들은 죽었다가 다시 살아났으며 내가 잃었다가 다시 얻었노라 하니 그들이 즐거워하더라(눅 15:11-24)

아버지께 불순종한 아들이 하나 있습니다. 그 아들은 자신의 상속받을 분깃을 챙기어 아버지의 집을 떠났습니다. 그리고 나그네 생활을 시작했습니다. 그러나 그 즐거움도 잠시, 곧 모든 재산을 허비하고, 구걸하여 먹고 사는 신세가 되었습니다. 너무도 힘든 생활이 그에게 이어졌습니다. 아버지께 창피하기도 하고, 죄송스럽기도 했지만 다시 돌아갈 용기가 나지 않았습니다. 어려운 생활이 계속 이어지면서 그 아들은 '아버지께로 돌아가야 한다. 차라리 아버지의 집에서 종으로 사는 것이 세상에서 왕으로 사는 것보다 낫다'고 결심했습니다. 그렇지만 아직도 돌아가 아버지를 뵐 면목이 없었습니다. 그의 망설임은 계속되었습니다. 그러다 아버지께 돌아갈 것을 결심합니다. 그리고 아버지 집에 왔습니다.

내가 일어나 아버지께 가서 이르기를 아버지 내가 하늘과 아버지께 죄를 지었사오니 19 지금부터는 아버지의 아들이라 일컬음을 감당하지 못하겠나이다 나를 품꾼의 하나로 보소서 하리라 하고 20 이에 일어나서 아버지께로 돌아가니라(눅 15:18-20)

여기에 큰 교훈이 담겨 있습니다. 아담이 하나님께 불순종하고 하나님 나라의 상징인 에덴동산에서 쫓겨나면서 죄가 발생했습니다. 그리고 아담은 하나님과 하나님 나라에 대하여 죽은 영이 되었습니다. 이처럼 그 방탕한 아들도 '아버지에 대하여 죽은 자의 신세'가 되어 자신과 아버지 사이에 발생한 죄를 정확하게 회개합니다. 그러자 아버지는 죄사함을 줍니다. 그리고 나서 상속권을 회복시켜 줍니다. 좋은 옷 곧 자주색 옷을 입게 되었습니다. 이 옷은 왕자로서의 신분을 나타내는 복장입니다. 손에는 반지를 끼워줍니다. 처음 맺은 에덴동산의 영원한 생명에 대한 언약을 회복시켜 준 것입니다. 발에는 신shoes을 신기어 주었습니다. 그 신발shoes은 평안의 복음을 상징합니다(엡 6:15). 그리고 '신발'을 신겨주신 이유는 '새로운 생명사역의 시작'을 명령하신 것입니다.

드디어 아버지를 만났습니다. 그런데 아버지는 품꾼이 아니라 여전히 아들로 반겨주셨습니다. 오히려 아버지는 돌아온 아들에게 사명mission까지 맡기셨습니다. 회개하고 돌아온 아들은 사람이 받는 복 가운데 가장 큰 복인 아버지의 나라를 유업으로 받는 것입니다.

너희는 선지자들의 자손이요 또 하나님이 너희 조상과 더불어 세우신 언약의 자손이라 아브라함에게 이르시기를 땅 위의 모든 족속이 너의 씨로

말미암아 복을 받으리라 하셨으니(행 3:25)

회개하고 돌이켜 아브라함에게 세우신 언약을 회복하고 승계하는 것은 복 가운데 가장 큰 복입니다. 하나님 나라의 상속권은 회개하고 죄사함받은 후, 예수를 그리스도로 영접할 때 선물로 주어집니다.

그런 면에서 구원은 하나님의 선물입니다. 그리고 상속자는 그 선물을 받아 누리면 됩니다.

> 하나님이 그 종(그분의 아들 예수 그리스도, ὁ θεός τον παιδα αὑτοῦ)을 세워 복 주시려고 너희에게 먼저 보내사 너희로 하여금 돌이켜 각각 그 악함을 버리게 하셨느니라(행 3:26)

하나님께서는 원래 그분의 자녀였던 사람이 회개하고 죄악으로부터 돌아서서 영원한 생명과 그분의 사랑을 회복하기를 간절히 원하십니다. 이 복을 주시려고 그분의 아들 예수 그리스도를 생명의 주인the author of life으로 세상에 처음으로 보내신 것입니다. 이제 예수님이 두 번째 이 세상에 오실 때는 심판의 주인the author of judge으로 오십니다.

> 그러므로 예수께서 그들에게 이르시되 내가 진실로 진실로 너희에게 이르노니 아들이 아버지께서 하시는 일을 보지 않고는 아무 것도 스스로 할 수 없나니 아버지께서 행하시는 그것을 아들도 그와 같이 행하느니라 20

아버지께서 아들을 사랑하사 자기가 행하시는 것을 다 아들에게 보이시고 또 그보다 더 큰 일을 보이사 너희로 놀랍게 여기게 하시리라 21 아버지께서 죽은 자들을 일으켜 살리심 같이 아들도 자기가 원하는 자들을 살리느니라 22 아버지께서 아무도 심판하지 아니하시고 심판을 다 아들에게 맡기셨으니 23 이는 모든 사람으로 아버지를 공경하는 것 같이 아들을 공경하게 하려 하심이라 아들을 공경하지 아니하는 자는 그를 보내신 아버지도 공경하지 아니하느니라 24 내가 진실로 진실로 너희에게 이르노니 내 말을 듣고 또 나 보내신 이를 믿는 자는 영생을 얻었고 심판에 이르지 아니하나니 사망에서 생명으로 옮겼느니라 25 진실로 진실로 너희에게 이르노니 죽은 자들이 하나님의 아들의 음성을 들을 때가 오나니 곧 이 때라 듣는 자는 살아나리라 26 아버지께서 자기 속에 생명이 있음 같이 아들에게도 생명을 주어 그 속에 있게 하셨고 27 또 인자됨으로 말미암아 심판하는 권한을 주셨느니라 28 이를 놀랍게 여기지 말라 무덤 속에 있는 자가 다 그의 음성을 들을 때가 오나니 29 선한 일을 행한 자는 생명의 부활로, 악한 일을 행한 자는 심판의 부활로 나오리라(요 5:19-29)

하나님 앞과 살아 있는 자와 죽은 자를 심판하실 그리스도 예수 앞에서 그가 나타나실 것과 그의 나라를 두고 엄히 명하노니 2 너는 말씀을 전파하라 때를 얻든지 못 얻든지 항상 힘쓰라 범사에 오래 참음과 가르침으로 경책하며 경계하며 권하라 3 때가 이르리니 사람이 바른 교훈을 받지 아니하며 귀가 가려워서 자기의 사욕을 따를 스승을 많이 두고 4 또 그 귀를 진리에서 돌이켜 허탄한 이야기를 따르리라 5 그러나 너는 모든 일에 신중하여 고난을 받으며 전도자의 일을 하며 네 직무를 다하라 6 전제와 같이 내가 벌써 부어지고 나의 떠날 시각이 가까웠도다 7 나는 선한 싸움을 싸우고 나의 달려갈 길을 마치고 믿음을 지켰으니 8 이제 후로는 나를 위하여 의의 면류관이 예비되었으므로 주 곧 의로우신 재판장이 그 날에 내게 주실 것이며 내게만 아니라 주의 나타나심을 사모하는 모든 자에게도니라 9 너는 어서 속히 내게로 오라(딤후 4:1-9)

생명의 주께서 심판의 주로 오시기 전에 복음의 신발을 신고 때를 얻든지 못 얻든지 생명의 말씀, 곧 회개와 복음을 전하러 나아가야 합니다. 이것은 우리 모두가 구원을 완성하는 비결이며 상급을 받는 방법입니다.

6장

회개에 합당한
열매를 맺으라

1. 회개에 합당한 열매를 맺으라

요한이 세례 받으러 나아오는 무리에게 이르되 독사의 자식들아 누가 너희에게 일러 장차 올 진노를 피하라 하더냐 8 그러므로 회개에 합당한 열매를 맺고 속으로 아브라함이 우리 조상이라 말하지 말라 내가 너희에게 이르노니 하나님이 능히 이 돌들로도 아브라함의 자손이 되게 하시리라 9 이미 도끼가 나무 뿌리에 놓였으니 좋은 열매 맺지 아니하는 나무마다 찍혀 불에 던져지리라 10 무리가 물어 이르되 그러면 우리가 무엇을 하리이까 11 대답하여 이르되 옷 두 벌 있는 자는 옷 없는 자에게 나눠 줄 것이요 먹을 것이 있는 자도 그렇게 할 것이니라 하고 12 세리들도 세례를 받고자 하여 와서 이르되 선생이여 우리는 무엇을 하리이까 하매 13 이르되 부과된 것 외에는 거두지 말라 하고 14 군인들도 물어 이르되 우리는 무엇을 하리이까 하매 이르되 사람에게서 강탈하지 말며 거짓으로 고발하지 말고 받는 급료를 족한 줄로 알라 하니라 (눅 3:7-14)

구원을 받았다고 착각하는 가짜 그리스도인들에게 두드러지게 나타나는 현상은 입술의 결과와 행동의 결과가 다르게 나타난다는 것입니다. 분명 입술로는 주여 주여 외치면서도, 행동은 예수님과 상관 없는 사람처럼 살아갑니다. 입술로는 허물만을 자백한 채, 행동은 좋은 열매 맺기에 둔감합니다. 그런데 그들은 주님을 사랑한다고 말합니다. 그렇지만 그들의 생활 속에서 사랑의 열매를 좀처럼 찾아보기 힘듭니다. 이것은 예수 그리스도를 믿음으로 영원한 생명을 회복하게 된 기쁨을 누리기 이전에 회개를 통해 죄사함을 얻은 기쁨을 깊이 체험하지 못했기 때문입니다. 죄사함의 기쁨은 온전한 구원을 받은 그리스도인의 마음을 격려하여 긍휼히 여기는 마음을 불러냅니다. 그러므로 긍휼히 여기는 마음을 가진 사람은 사랑의 뿌리를 내리게 됩니다. 결국 긍휼히 여기는 마음은 사랑의 뿌리를 통해 사랑의 열매를 생산합니다.

마귀 세력은 교묘한 이성과 위장된 논리로 사람을 유혹합니다. 그래서 긍휼의 마음으로 내려진 사랑의 뿌리를 회복하지 못하게 방해합니다. 마귀 세력은 사람으로 하여금 입술로 죄의 결과인 허물만을 자백하게 한 후, 예수님을 임금(주)과 구세주로 고백하게 합니다. 엄격히 말해 **구원받지 못한 그리스도인**을 만드는 것입니다. 그들은 사람이 입술로는 스스로 그리스도인이라 외치지만 실제로는 가짜 그리스도인으로 살게 만듭니다. 이러한 사람을 자칭 그리스도인 혹은 종교적인 그리스도인이라고 합니다.

'종교적인 그리스도인'

짝퉁 그리스도인은 평생을 마귀 세력에 속아 삽니다. 그들은 다른 사람들의 눈을 먼저 의식하며, 의무적인 종교행위에 집착하며 삽니다. 그들은 종교적인 행위의 열매를 중요하게 생각합니다. 그들은 선행을 베풉니다. 다른 사람에게 관대합니다. 그들은 사람들의 필요를 공급하기도 합니다. 십일조도 정확하게 드립니다. 가난한 사람을 돕습니다. 그리고 종교적인 활동에 적극적으로 참여합니다. 또한 자신의 자녀들에게는 교회활동이나 자선활동을 이목 때문에 권장하기도 합니다. 그렇지만 정작 이들은 정말 보이지 않게 희생해야 하는 자리에는 적극적으로 자신의 자녀들을 추천하지 않습니다. 자녀들은 부모의 이중적인 모습에 싫증을 내지만, 독립할 때까지 표현을 자제합니다. 종교적인 그리스도인은 그런 자녀들의 영적 상태를 전혀 간파하지 못합니다. 그들은 드러나 보이는 종교적 활동에는 적극적이면서도, 진정 조용한 가운데 하나님과 깊은 교제를 나누는 시간은 극히 적습니다. 조용한 기도Quiet Time시간에는 하나님의 음성을 듣기보다는, 자신의 요구를 일방적으로 관철시키려고 합니다. 그들은 하나님께서 어떻게 보시고 평가하실지 먼저 생각하는 것보다는 주변 사람들이 자신을 어떻게 보고 평가하는가에 관심이 더 집중됩니다.

마귀 세력은 교회공동체 안에서 사람들로 하여금 종교적인 그리스도인이 되도록 적극적으로 돕습니다. 그들은 종교적인 그리스도인들이 하나님과 교제하는 시간을 가능한 한 줄이도록 계획합니다. 반면에 사람들끼리 교제하는 시간은 많이 갖도록 권장합니다. 마귀 세력은 종교적인 그리스도인들에게 교회의 성장에 대해 깊은 관심을 가지게 합니다. 그러기 위해서 세상적인 방법을 교회공동체 안으로 유입시킵니다. 그들은 교회성장과 관리를 위해서 민주적인 방법을 선호합니다. 그리고 세상 기업운영 방식을 교회공동체에 도입시킵니다. 세상 기업이 하나님 없이도 성장할 수 있는 것처럼 교회성장도 하나님이 개입하지 않으셔도 이루어지도록 이끌어갑니다.

이런 종교적인 교회공동체 안에는 생명이 없습니다. 단지 친교가 있을 뿐입니다. 세상적이고 인간적인 끈끈한 온정으로 잘 모일 수 있다가도, 그 친교의 목적이 와해되면 그런 모임은 물거품처럼, 안개처럼 자취를 감춥니다. 그리고 그 친교로 상처받은 사람은 교회공동체를 비난합니다. 이것을 종교적인 상처religious scars라고 말합니다. 종교적인 상처는 이렇게 나타납니다. 훼방, 분파 및 이단적 행위, 교단적인 갈등 - 예수 그리스도의 복음보다는 칼빈, 존 웨슬리의 가르침을 더 귀중하게 생각해서 성경 앞에서도 교단의 주장을 양보하지 않는 - 배반, 증오, 불화 및 내분, 시기, 격발, 당짓는 행위, 분리를 일삼습니다.

교회공동체는 그 안에 구축된 민주주의 방식과 종교적인 성향으로 인해 점점 더 세상 편향적인 이익집단으로 전락하여 곪아 문드러집니다.

교회의 세상적인 리더십은 교회공동체를 더욱 아프게 합니다. 종교적이고 민주적인 리더십에 익숙해 있는 교회 리더들은 교회 전문사역자인 목사를 선택할 때도 사도적이고 영적인 목회자를 선호하기보다는, 세상 기업의 CEO 스타일의 종교기업 최고운영자를 찾습니다. 예수 중심, 사람 중심의 영적 우물을 파는 사역을 이루어 나가기보다는 교회성장에 필요한 좋은 프로그램을 우선적으로 찾아 나서기에 급급합니다. 심지어 전문사역자 가운데는 분기별 혹은 기간별 성과에 의해 성과급을 받는가 하면 해고되기도 합니다. 결국 목회자들은 이런 종교적인 교회사역 구조에 부응하기 위해 가짜 학위나 불필요한 경력을 추가해서라도 살아남기 위한 몸부림을 치게 됩니다. 교회공동체의 일반지도자(장로, 권사, 안수집사 등의 리더십을 지칭)나 전문지도자(목양자, 선교사역자를 지칭) 모두가 종교적인 상처로 병들어 가고 있습니다. 그들 중에는 이런 교회공동체 안에는 희망이 없다고 선언하고 교회공동체를 떠나는 경우도 있습니다. 그리고 이단(삼위일체 하나님과 구원론을 부정하거나 훼손시키는 집단)이 되어 교회공동체와 대립을 하기도 합니다. 이러한 종교적인 상처는 극단적인 결단이 없으면 치료되기 어렵습니다.

종교적인 교회는 종교적인 상처를 남기고 떠난 사람들을 비난하지만, 그들은 동시에 세상 사람들에게 여전히 종교적인 상처를 생산하고 있습니다. 또한 그들의 종교적인 교회조직(혹은 교회구조)은 하나님의 사역을 당혹하게 하거나 방해합니다. 그러면서도 동시에 여전히 그 종교적인 교회조직을 통해 하나님께 찬양 드리고 사역하기를 갈망합니다.

교회공동체에는 더 이상 희망이 없다?

사람들은 이런 교회공동체에는 더 이상 희망이 없다고 이구동성으로 말합니다. 정말 희망이 사라진 것인가요?

종교적인 그리스도인들이 머리로만 이해하던 빗나간 믿음에서 돌이켜 회개하고, 교회공동체의 복음에 전폭적으로 순종하는 온전한 믿음으로 전환하기를 결단하면, 교회공동체는 이전에는 종교적인 그리스도인들이었으나 지금은 온전한 그리스도인이 된 사람들 때문에, 여전히 희망이 가득 차오릅니다. 그들은 교회공동체 밖에서는 영원한 생명에 대한 어떤 희망도 찾을 수 없는 것을 알고 있기 때문에, 이제 더 이상 하나님의 명령에 순종하는 것을 늦추지 않을 것이며, 더욱이 감지 못했던 많은 죄가 자신들에게서 수시로 발견될 때 그럼에도 불구하고 나를 용서하시고 사랑하신 하나님의 은혜가 너무 큰 것을 알기에 더욱 강한 믿음을 소유하게 됩니다(갈 5:20).

죄의 회개는 은혜를 맛보아 알게 합니다. 은혜는 긍휼을 생산합니다. 그리고 긍휼이 장성하면 온전한 사랑의 열매를 생산합니다.

2. 짝퉁 신앙고백에 기뻐하는 마귀 세력

예수님에 대해서 잘 아는 것과 예수님을 잘 아는 것의 차이

하나님과 예수님과 사람에 대하여 매우 잘 아는 존재는 누구일까요? 마귀 세력입니다. 마귀 세력은 하나님에 대해서 너무도 잘 알고 있습니다. 마귀와 그 세력은 천지를 창조하신 분이 삼위일체 하나님이심을 알고 있습니다. 또한 그들은 삼위일체 하나님은 전지전능한 분이시며, 명철과 지혜가 끝이 없으신 분이심을 잘 알고 있습니다. 그리고 하나님은 온 우주를 다스리고 세상을 심판하시는 분이시라는 사실도 잘 알고 있습니다. 그런데 이러한 하나님께도 약점Vulnerability of God 이 있다는 것도 알고 있습니다. 하나님은 우리가 그분의 사랑 앞에 호소하면 심판도 멈추시고 기다려 주시는 분이십니다. 그분의 사랑 앞에 매달리면 다시 또 참아주신다는 것도 마귀와 그 세력은 잘 알고 있습니다. 그기에 그들은 사람들에게 이런 거짓말을 자주 합니다. "하나님은 세상을 심판하신다. 그러나 지금은 아니야!" 마귀 세력은 사람들이 하나님의 심판에 대해서는 가볍게 여기도록 만듭니다. 그리고 동시에 타락할 기회를 수시로 제공합니다.

하나님께서 언제 세상을 심판하실지 아무도 모릅니다. 그러므로 사람들은 가능하면 오늘, 지금 이 순간에 회개하고 예수님을 믿어서 온전한 구원을 받아야 합니다. 구원은 내일이 아니라 오늘, 그것도 가능하면 빠른 시간 내에 결단하고 받아야 합니다.

마귀 세력은 예수님이 어떤 분인지 알고 있습니다. 삼위일체의 하나님이신 것을 잘 알고 있습니다. 그럼에도 불구하고 사람들에게 종속론Subordinationism을 주장하게 만듭니다. 삼위일체의 하나님이신 예수님을 하나님과 동등하게 여기지 못하도록 계속 비하시키는 일을 합니다. 그래서 하나님을 더 높이는 척하고 예수님을 비하시켜 하나님의 온전하신 구원사역을 사람들이 올바로 이해하지 못하도록 유도합니다.

또한 성부, 성자, 성령은 한 분 하나님의 세 가지 서로 다른 양태에 불과하다고 주장하는 양태론Modalism입니다. 본질은 같지만 시대나 시간에 따라 다른 이름으로 사역하신다는 주장입니다. 예를 들면, "예수님은 우리와 함께 계십니다. 바로 그분이 성령이십니다. 예수님은 하나님 자신입니다. 그분이 우리에게 나타날 때에는 성령님으로 오셨습니다."라고 가르치면 양태론입니다.

마귀와 그 세력은 사람의 속성을 너무도 잘 알고 있습니다. 높여주고 세워주면 하늘 높은 줄 모르고 하나님께도 대항하려는 겁 없는 존재라는 것을 압니다. 그래서 하나님 없이도 살 수 있을 것 같이 착각하도록 만듭니다. 혹은 예수님을 신으로만 부각시켜 육체로 오신 예수님을 부인하게 합니다. 초대교회의 사람들 중에 영지주의나 마르시온주의가 대표적으로 이런 주장을 했습니다. 그들은 이단으로 정죄를 받았습니다.

또 인간이신 예수님을 강조하므로 세상을 구원하러 오신 하나님의 아들로서 인간의 몸을 입으신 것을 인정하지 않도록 유도합니다. 유대교의 사람들은 아직도 이미 오신 예수Jesus who was as the Christ 그리스도를 인정하지 않고, 여전히 오실 그리스도Christ who is to come만 기다리고 있습니다.

마귀 세력은 성경에 대해서도 매우 잘 알고 있습니다. 그래서 사람들에게 성경을 읽게 합니다. 그러나 죄사함과 거듭남의 진리를 비밀스럽게 감춥니다. 죄사함의 기쁨은 강조하지 않고 예수님 뒤에 감춥니다. 그리고 구도자나 종교적인 그리스도인들이 예수님에 대해서만 잘

알도록 가르칩니다. 그래서 예수 이름을 그들의 입에서 떠나지 않게
합니다. 더 나아가 그들이 예수님을 입으로 시인하도록 적극적으로
돕습니다. 그리고 예수님의 이름으로 병도 고치게 합니다. 부분적인
예언과 미래를 예측하는 말을 하지만 결과를 책임지지는 않습니다.
마귀와 그 세력은 이런 존재입니다. 그들도 하나님의 능력을 흉내 낼
수 있습니다. 이것을 초자연적인 능력supernatural power이라고 합니다.
그러기에 하나님의 영적인 능력과 마귀와 그 세력의 초자연적인 능력
을 구분할 수 있어야 합니다.

어떻게 이 사실을 구분합니까?

하나님의 영적인 사역은 예수 그리스도를 믿는 온전한 믿음 안에서
기쁨과 평화가 찾아옵니다. 긍휼, 자비, 겸손, 온유, 인내의 열매를 맺
습니다. 그리고 그 사역은 선한 행위가 뒤따르는 온전한 믿음과 그에
따른 확증적인 기적을 볼 수 있습니다. 더 나아가 가족과 주변인들에
게 용서와 감사로 사랑의 열매를 생산합니다.

> 그러므로 너희는 하나님이 택하사 거룩하고 사랑 받는 자처럼 긍휼과 자
> 비와 겸손과 온유와 오래 참음을 옷 입고 13 누가 누구에게 불만이 있거
> 든 서로 용납하여 피차 용서하되 주께서 너희를 용서하신 것 같이 너희도
> 그리하고 14 이 모든 것 위에 사랑을 더하라 이는 온전하게 매는 띠니라
> 15 그리스도의 평강이 너희 마음을 주장하게 하라 너희는 평강을 위하여
> 한 몸으로 부르심을 받았나니 너희는 또한 감사하는 자가 되라 16 그리

스도의 말씀이 너희 속에 풍성히 거하여 모든 지혜로 피차 가르치며 권면하고 시와 찬송과 신령한 노래를 부르며 감사하는 마음으로 하나님을 찬양하고 17 또 무엇을 하든지 말에나 일에나 다 주 예수의 이름으로 하고 그를 힘입어 하나님 아버지께 감사하라 18 아내들아 남편에게 복종하라 이는 주 안에서 마땅하니라 19 남편들아 아내를 사랑하며 괴롭게 하지 말라 20 자녀들아 모든 일에 부모에게 순종하라 이는 주 안에서 기쁘게 하는 것이니라 21 아비들아 너희 자녀를 노엽게 하지 말지니 낙심할까 함이라 22 종들아 모든 일에 육신의 상전들에게 순종하되 사람을 기쁘게 하는 자와 같이 눈가림만 하지 말고 오직 주를 두려워하여 성실한 마음으로 하라 23 무슨 일을 하든지 마음을 다하여 주께 하듯 하고 사람에게 하듯 하지 말라 24 이는 기업의 상을 주께 받을 줄 아나니 너희는 주 그리스도를 섬기느니라 25 불의를 행하는 자는 불의의 보응을 받으리니 주는 사람을 외모로 취하심이 없느니라 (골 3:12-25)

하나님의 영적인 사역 안에서 기적을 경험한 사람은 오직 하나님만 자랑합니다. 그리고 죄사함과 하나님의 복음만을 앞세우고 자랑합니다.

그러나 마귀와 그 세력이 이룬 초자연적인 사역은 하나님의 사역과는 비슷한 것 같으나 결과는 매우 다르게 나타납니다. 마귀의 초자연적인 사역은 두려움이나 왜소함, 즉 작아지는 느낌이 옵니다. 일시적으로 겸손과 사랑의 열매로 가장할 수 있으나, 결국 이목과 의무감이 가득 찬 상태에서 교만과 자랑의 열매를 맺습니다. 마귀와 그 세력에 의해 초자연적인 사역을 경험한 사람은 그 기적과 관련된 사람을 자랑하거나 자기 자신을 자랑하기에 바쁩니다. 결정적으로 죄사함의 기쁨은 말하지 않고 복음만을 말하지만, 그것도 지속적으로 말하지 않습니다. 그러기 때문에 하나님의 기적을 경험한 사람은 영분별의 은사를 받아야 하며, 이런 은사를 가진 사람과 교제해야 합니다. 마귀와 그 세력은 함부로 대적하거나 다룰 존재가 아닙니다. 그러기에 우리는 마귀와 그 세력을 바로 알고 적절한 방법으로 그들을 대적할 수 있어야 합니다.

3. 정확히 알고 나서 말씀을 인용하라.

정통적인 삼위일체론

하나님은 오직 한 분이시며 동시에 영靈으로 존재하십니다. 그와 동시에 하나님은 성부와 성자와 성령, 세 위격으로 함께 존재하십니다. 성부와 성자와 성령은 같은 본질이시며 신성과 권능과 영광과 영원성에 있어서 동일하십니다. 덧붙여 설명하자면 그 세 분의 위격은 서로 혼동되지 않고 뚜렷하게 구별되지만, 전지전능全知全能하시고 무소부재無所不在하신 세 분의 본질은 결코 분리될 수 없는 한 분 하나님이십니다.

사람이 마음으로 믿어 의에 이르고 입으로 시인하여 구원에 이르느니라

(롬 10:10)

이 성경 구절은 교회공동체 안에서 믿음구원을 강조하기 위해 자주 인용되는 구절입니다. 그런데 이 구절을 문자적으로만 해석하여 믿음구원을 강조한다면 짝퉁 그리스도인을 생산하게 됩니다. 이 구절은 마귀 세력도 가장 좋아하는 구절입니다. 온전한 죄사함 없이도 예수 그리스도만 믿으면 구원을 받았다고 생각하는 짝퉁 그리스도인을 만들 수 있는 오역하기에 좋은 구절이기 때문입니다. 그러므로 한 구절일지라도 온전한 성경해석을 해야 합니다.

이 말씀을 다시 정리해 봅니다.

성령 하나님께서 양심을 자극하여 사람의 혼을 감동시키면, 혼의 연합체인 마음이 문을 열고 자신의 죄와 허물을 고백하게 됩니다. 그러면 그 사람은 죄사함을 받아 아버지 하나님과의 깨어진 관계를 회복합니다. 그런 후, 그 사람이 복음을 깨달아 예수 그리스도가 자신의 임금과 구세주로서 살아 계신 하나님의 아들이심을 입으로 시인하면서 온전한 구원을 받습니다.

다음 구절을 살펴봅니다.

누구든지 주의 이름을 부르는 자는 구원을 받으리라 (롬 10:13)

이 말씀 또한 마귀 세력이 짝퉁 그리스도인을 만들기 위해서 적극적으로 인용하는 구절이기도 합니다. 이 구절의 말씀은 흠이 없는 온전한 말씀입니다. 그런데 이 구절을 전체적인 성경 안에서 해석하지 않고, 오로지 이 한 구절만을 통해 문자적으로 해석하면 문제가 발생합니다. 이 구절에 따르면, 회개에 대한 언급은 전혀 없습니다. 오직 예수 그리스도만 믿으면 모든 사람이 구원을 받을 수 있다고 강조해도 큰 무리가 없습니다. 또 엄격히 말하면 예수 그리스도를 믿기만 해도 영원한 생명은 회복됩니다. 그런데 회개가 없으면 아버지 하나님과의 깨어진 관계는 여전히 회복되지 않기 때문에 양자의 영the spirit of adoption의 권리는 회복되지 않습니다. 이것은 엄밀히 말해 하나님의 자녀로서의 권리the full right of children of God가 온전히 회복되지 않은 상태입니다. 그렇다면 하나님을 아버지로 부를 수 없는 영적 사생아에 불과합니다. 결국 온전한 구원을 받지 못한 짝퉁 그리스도인이 되고 맙니다.

그러므로 차근차근 성경에 있는 예수님의 가르침을 통해 이 말씀을 해석해 봅니다.

이 구절은 이렇게 해석해야 합니다.

'주의 이름을 부르는 자'는 구원에 대한 예수님의 가르침에 순종하는 사람입니다. 구원에 대한 예수님의 가르침은 무엇입니까? 예수님은 하나님 나라의 복음을 가르쳐 주셨습니다. 예수님께서는 하나님 나라의 회복을 강조하시면서, 그러므로 우선 "회개하여 죄사함을 받으라, 복음을 믿으라. 그리고 나서 거룩한 무리, 즉 성도가 되어 하나님 나라의 상속자가 되라"고 가르쳐 주셨습니다(막 1:14; 행 26:18).

    구원에 대한 예수님의 가르침을 더 깊이 생각해 봅니다.

    회개가 이루어지지 않으면 아버지 하나님과 사람 사이에 깨어지고 단절된 관계는 결코 회복되지 않습니다. 그들에게는 당연히 하나님의 자녀된 권리가 주어지지 않습니다. 이런 상태에서는 온전한 교제도 이루어지지 않습니다. 하나님께서는 사람과 정상적이고 온전한 관계를 회복하고 유지하길 원하십니다. 성령 하나님의 감동으로 회개하여 죄 사함을 받고 아버지 하나님과 자녀관계를 온전히 회복한 후, 진정한 교제를 나누기 원하십니다. 그 이후에 말씀이 육신이 되어 세상 가운데 오신 예수 그리스도를 임금, 구세주, 그리고 살아 계신 하나님의 아들로 믿어야 영원한 생명이 회복됩니다. 그렇게 될 때 비로소 그 사람은 하나님의 사랑이 온전히 회복된 하나님 나라의 상속자로 살게 됩니다. 이러한 예수님의 가르침을 그대로 순종하는 사람은 '누구든지' 온전한 구원을 얻습니다.

    성경의 특정한 한 구절만을 가지고 문자적으로 해석해서 믿는 것과 성경 전체를 연결해서 믿는 것이 이렇게 매우 중요한 다른 결과를 초래합니다. 이단에 빠진 사람들을 보면 모두 틀린 것이 아닙니다. 단지 대부분의 이단들은 더 깊고 놀라운 다음 단계의 하나님의 은혜를 깨닫지 못한 채 스스로 깨달은 그 한 가지만 편협하게 주장하는 경우가 흔합니다.

하늘에 앉아 세상을 사는 그리스도인

그는 허물과 죄로 죽었던 너희를 살리셨도다 2 그 때에 너희는 그 가운데
서 행하여 이 세상 풍조를 따르고 공중의 권세 잡은 자를 따랐으니 곧 지
금 불순종의 아들들 가운데서 역사하는 영이라 3 전에는 우리도 다 그 가
운데서 우리 육체의 욕심을 따라 지내며 육체와 마음의 원하는 것을 하여
다른 이들과 같이 본질상 진노의 자녀이었더니 4 긍휼이 풍성하신 하나
님이 우리를 사랑하신 그 큰 사랑을 인하여 5 허물로 죽은 우리를 그리스
도와 함께 살리셨고 (너희는 은혜로 구원을 받은 것이라) 6 또 함께 일으키사
그리스도 예수 안에서 함께 하늘에 앉히시니 7 이는 그리스도 예수 안에
서 우리에게 자비하심으로써 그 은혜의 지극히 풍성함을 오는 여러 세대
에 나타내려 하심이라 (엡 2:1-7)

죄가 세상에 있었으나 아직 죄에 대해 알지 못하던 아담은 그의 허
물로 인해 하나님과의 관계가 단절되었습니다. 이것을 성경은 '(원)죄'
라고 말합니다. 결국 아담은 피조물 사이에서 발생한 허물로 인해 불
순종으로 자범죄를 낳았습니다. 그 결과로 하나님의 얼굴을 피하고
두려워하더니 끝내 자신의 실수를 상대에게 책임전가하며 회개를 멈
추고 맙니다. 급기야 생명나무 열매까지 따먹으려는 의도가 보이자

삼위일체 하나님은 에덴동산 안의 사람을 그 동산 밖으로 추방합니다(창 3:23-24). 이 상태로 사람의 대표인 아담은 창조 당시에 맺어진 아버지 하나님과의 자녀관계가 깨어졌고, 영원한 생명을 누릴 자격도 박탈당했습니다. 결국 아담은 이렇게 허물로 원죄를 낳은 것입니다. 원죄를 낳은 아담은 하나님께로부터 오는 온전한 사랑도 잃어버렸으며, 그의 육체도 영원히 살지 못하고 죽게 됩니다.

아담 이후로 사람은 공중 권세 잡은 자 곧 마귀의 자녀(요 8:44)가 되었습니다. 아담의 아들들은 싸움, 질투, 탐심, 격분, 사악, 거짓에 휘말립니다. 이제는 더 이상 하나님의 영과 교제를 나누던 사람의 영이 육체를 지배하지 못하고, 혼의 연합체인 마음soul이 그들의 육체를 관할합니다. 그들은 육체의 욕심을 따라 행동합니다. 가인은 그의 동생 아벨을 시기하고, 그 질투의 결과로 살인합니다. 죄의 결과가 이렇게 무서운 행동을 생산했습니다. 계속해서 사람들은 삼위일체 하나님과 대적합니다. 하나님께서는 죄악이 세상에 가득하고, 사람의 마음과 생각의 모든 계획이 언제나 악한 것을 보시고, 땅 위에 사람을 만드신 것을 괴로워하셨습니다. 그래서 하나님은 그분이 직접 지으신 사람들을 포함한 땅 위의 코로 숨 쉬는 모든 피조물을 심판하여 쓸어버리기를 원하셨습니다. 그러나 그 가운데 하나님의 마음에 드는 사람이 있었습니다. 그의 이름은 노아입니다(창 6:8). 노아는 사람들에게 비난받지 않는 그 세대의 의인이었습니다. 그는 하나님과 동행했습니다 (창 6:9). 하나님은 노아에게 악한 행동을 일삼는 온 지면의 모든 사람을 심판하시겠다고 경고하십니다(창 6:13). 하나님은 심판의 경고로 방주the ark를 땅 위에 지으라고 말씀하시면서(창 7:18), 노아를 통해 타락한 사람들이 회개하고 돌아오기를 기다리셨습니다. 그러나 사람들은 회개하지 않았습니다. 노아와 그 가족만 회개합니다.

하나님은 노아를 의롭다고 인정하셨습니다. 그 기준은 무엇입니까? 노아는 하나님께서 명령하신 대로 모든 것을 순종했다고 성경은 전합니다(창6:22, 7:5). 의인의 기준은 하나님의 명령을 그대로 순종하는 것입니다. 죄와 허물이 그를 완전히 떠났기 때문에 의인으로 인정받은 것이 아닙니다. 그는 하나님께 절대적으로 순종하면서 그분과 동행했습니다. 그래서 그는 하나님께 사랑받는 자가 된 것입니다.

그러나 노아는 여호와께 은혜를 입었더라(창 6:8)

육체를 입고 있는 한, 혼의 연합체인 마음은 여전히 마귀와 그 세력의 유혹을 견디지 못해 육체를 통해 허물과 죄를 생산합니다. 그럼에도 불구하고 사람의 영이 살아서 다시 허물과 자범죄를 회개하고, 하나님의 명령을 그대로 순종하면 하나님이 그를 의인이라고 여겨 주십니다. 의인the righteous이라는 말은 죄사함justification을 받고 마음이 새

롭게 되어 변화를 받은 사람을 말합니다. 좀 더 정확히 표현하면 '회
개한 의인the righteous who repented'입니다. 하나님께서는 이러한 사람
과 교제를 나누기 원하십니다.

노아와 그 가족들은 허물과 죄를 회개한 후, 죄사함의 결과로 방주
에 들어갈 수 있었습니다. 하나님께 선택받은 짐승 암수 한 쌍씩, 공
중의 새 암수 한 쌍씩, 그리고 죄사함받은 노아 부부와 세 아들, 세
자부daughter in law만 방주로 들어갔습니다. 온전한 구원이 시작되기
위해서는 회개가 이렇게 중요합니다.

> 내가 홍수를 땅에 일으켜 무릇 생명의 기운이 있는 모든 육체를 천하에서
> 멸절하리니 땅에 있는 것들이 다 죽으리라 18 그러나 너와는 내가 내 언
> 약을 세우리니 너는 네 아들들과 네 아내와 네 며느리들과 함께 그 방주
> 로 들어가고 19 혈육 있는 모든 생물을 너는 각기 암수 한 쌍씩 방주로
> 이끌어들여 너와 함께 생명을 보존하게 하되 20 새가 그 종류대로, 가축
> 이 그 종류대로, 땅에 기는 모든 것이 그 종류대로 각기 둘씩 네게로 나아
> 오리니 그 생명을 보존하게 하라 21 너는 먹을 모든 양식을 네게로 가져
> 다가 저축하라 이것이 너와 그들의 먹을 것이 되리라 22 노아가 그와 같
> 이 하여 하나님이 자기에게 명하신 대로 다 준행하였더라(창 6:17-22)

결국 삼위일체 하나님은 물로 세상을 심판하셨습니다. 땅 위의 모
든 생물 곧 코로 숨 쉬는 모든 생물은 죽었다고 성경은 기록합니다(창

7:21, 22). 그렇지만 방주 안에 들어온 노아와 그와 함께 있던 사람들은 하나님께 순종하므로 생명이 보존되었습니다. 방주는 구원자 예수 그리스도를 상징합니다. 예수님이 육체를 입으시고 이 땅에 오셔서 구원의 사역을 완성하신 이후로는 예수 그리스도께서 방주가 되어주십니다. 성령 하나님의 감동으로 회개 후, 죄사함받고 예수 그리스도 안으로 들어오는 사람은 누구에게나 온전한 구원이 시작됩니다.

하나님께서는 곧 불로 세상을 심판하실 것입니다. 그 기한과 시간은 하나님만 알고 계십니다. 하나님께서는 마치 도둑이 오는 것처럼 예상할 수 없는 시기에 불로 세상을 심판하실 것입니다(벧후 3:10). 그러므로 긴박함을 가지고 내일이 아닌 오늘 온전한 구원을 받아야 합니다.

4. 온전한 종말신앙

사람이 한 번 죽는 것은 정해진 사실이고 그 후에는 심판이 있습니다(히 9:27). 사람이 심판을 받는다는 것은 온 세상이 심판을 받는다는 의미이기도 합니다. 왜냐하면 하나님은 사람을 창조하실 때 세상을 관리하는 책임자로 부르셨기 때문입니다. 그러므로 하나님께서는 사람에게 온 세상에 대한 책임을 물으실 것입니다. 그런 면에서 사람은 왕 같은 제사장으로 부름을 받은 것입니다. 달리 표현하면 사람은 누구의 간섭이나 훼방 없이 세상을 직접 관리하고, 하나님과도 직접 교제를 나눌 수 있는 존재로 부름받은 것입니다. 인류의 대표로 창조된 아담이 하나님께 불순종했습니다. 그러나 그는 처음으로 하나님께 불순종할 때까지 죄가 온 우주에 있었으나 아직 죄에 대해선 알지 못했습니다. 그러기에 속히 허물만 인정하고 회개했으면 죽지 않았습니다. 그런데 아담이 하와에게, 하와는 피조물 뱀에게 책임전가하며 허물이 깊어지더니 죄를 세상으로 끌어들였습니다. 그리고 생명나무 열매까지 취하려고 했던 것입니다. 그래서 아담과 하와는 하나님 나라를 상징하는 에덴동산에서 쫓겨났습니다. 에덴동산에서 쫓겨난 아담 이후로, 사람은 죄로 인해 죽게 되었습니다.

죄가 세상에 들어오면서 사람의 영은 하나님과 하나님의 나라에 대해 이미 죽었고, 심판을 받았습니다. 그 심판은 두 종류로 나뉩니다.

(1) 개인 종말과 심판

개인적으로는 육체가 영혼과 분리되면 심판을 받습니다. 그래서 온전한 구원을 이룬 사람은 그리스도 예수께서 재림하셔서 산 자와 죽은 자를 심판하실 때까지 영으로 낙원paradise에서 살게 됩니다(눅 23:39-43). 그렇지만 세상의 심판이 끝날 때까지는 아직 영(화)체 spiritual body를 입지 않습니다. 예수께서 다시 세상에 오셔서 온전한 심판이 시작되면, 온전한 구원을 받아 선한 행동을 한 사람은 하나님과 영원히 함께 살도록 생명의 부활(체)로 나옵니다. 그러나 육체를 입고 사는 동안 온전한 구원을 받지 못했던 사람은 이미 심판을 받아 음부에 갇혀 살게 됩니다. 그 이후, 예수 그리스도의 공중 재림 때 무덤 속에서 잠자던 영혼들이 하나님의 아들의 음성을 듣게 되고, 온전한 심판이 이루어질 때 악을 행하며 죽은 자는 심판의 부활(체)로 나와 지옥에서 영원히 영체로 갇혀 살게 됩니다.

내가 진실로 진실로 너희에게 이르노니 내 말을 듣고 또 나 보내신 이를 믿는 자는 영생을 얻었고 심판에 이르지 아니하나니 사망에서 생명으로 옮겼느니라 25 진실로 진실로 너희에게 이르노니 죽은 자들이 하나님의 아들의 음성을 들을 때가 오나니 곧 이 때라 듣는 자는 살아나리라 26 아버지께서 자기 속에 생명이 있음 같이 아들에게도 생명을 주어 그 속에 있게 하셨고 27 또 인자됨으로 말미암아 심판하는 권한을 주셨느니라 28 이를 놀랍게 여기지 말라 무덤 속에 있는 자가 다 그의 음성을 들을 때가 오나니 29 선한 일을 행한 자는 생명의 부활로, 악한 일을 행한 자는 심판의 부활로 나오리라(요 5:24-29)

(2) 세상 종말과 심판

하나님께서는 이 세상 온 우주를 반드시 심판하십니다. 마지막에는 불로 심판하실 것입니다. 그 종말의 시기와 기한은 아버지 하나님께서 결정하십니다. 세상 종말이 오면 모든 것은 돌이킬 수 없는 온전한 심판으로 마무리될 것입니다. 그 때에 구원받은 모든 사람은 영체를 입고 온전한 구원을 완성할 것이며, 개인 종말로 인해 먼저 죽은 그리스도인도 같은 시기에 영체를 입게 될 것입니다. 세상 종말이 오면 육체를 입은 사람은 모두 심판을 받을 것이며, 노아를 선택하여 여전히 구원의 문을 닫지 않으셨던 첫 번째 물 심판과 달리, 불 심판 때는 다시 구원받을 다른 기회가 주어지지 않을 것입니다. 세상의 마지막인

불 심판이 시작되면 모든 지상의 피조물들에게 질서정연한 하나님의 심판이 진행될 것입니다.

심판의 과정에 대하여 성경이 말씀하는 대로만 생각해 봅니다. 성경은 그리스도인이 대환난을 통과해야 한다고 언급한 구절이 없습니다. 또 하나, 공중재림(휴거) 전에는 적그리스도가 드러나지 않을 것입니다(살후 2:6-8). 그럼에도 불구하고 그리스도인이 환난 기간을 통과해야 한다면 적그리스도가 누구인지를 알게 될 것입니다. 적그리스도는 세계 단일정부를 이끌 것이며(계 13:1-10), 황폐하게 하는 가증스런 물건이 거룩한 곳 위에 세워질 것입니다(마 24:15). 그리고 그리스도인을 포함한 사람들에게 그들이 요구하는 표로서 이름, 숫자를 받도록 강요할 것입니다(계 13:15-17). 이때 표mark, 즉 짐승의 이름이나 666이 조합된 그의 숫자를 넣은 생체이식이나 물권, 혹은 경제, 의료 상징물을 받으면 구원받을 수 없습니다.

만약 공중 재림 전에 대환난이 시작된다면 그 고통과 압박이 심하여 적그리스도에게 굴복하는 사람이 대부분일 것입니다. 7년 대환난을 기준으로 공중재림(휴거)이 있겠지만, 하나님의 사랑에 근거한다면 휴거 후에 7년 대환난을 위해 기도하는 것이 옳을 것입니다. 그래서 휴거 후 대환난 전에 그리스도 예수와의 즐거운 혼인잔치를 위해 기도하는 것이 소원이 되어야 합니다. 그렇지만 이 모든 것은 하나님의 주권에 속한 것입니다. 심판에 대한 사람의 계획과 판단은 어떤 효력도 발생시키지 못할 것입니다. 그럼에도 불구하고 온전한 구원을 받은 그리스도인이라면, 자신의 연약함을 생각하면서 휴거 후 7년 대환난을 기도로 간청할 수는 있으리라 봅니다. 그것이 그리스도인으로서 할 수 있는 최선입니다. 그래서 성경은 그리스도 안에서 먼저 잠든 사람은 복이 있다고 말씀하십니다. 왜냐하면 그들은 이런 심판의 과정에서 벌써 해방받기 때문입니다. 7년 대환난이 지나면 예수님께서 이 땅에 다시 오시어서 세상을 심판하고, 휴거되었던 그리스도인들은 예수님과 함께 천년 동안 왕국을 통치하게 될 것입니다. 종말의 전前천년설이나 무無천년설, 후後천년설을 주장하는 것보다 더 중요한 사실은 하나님의 복음을 기준으로 온전한 구원을 매일매일 확인하며 사는 영적인 그리스도인이 되는 것입니다.

온전한 그리스도인이 되었다는 사실이 얼마나 소중하고 귀한 것인지 알게 된 우리는 반드시 그리스도인이라는 이름에 어울리는 삶을 살아가야 합니다. 그리고 개인의 종말이나 세상의 종말의 때와 시기는 정확히 알 수 없어도 늘 온전한 구원을 받은 기쁨을 유지하며 거룩한 신부holy bride로서의 삶을 인내로 살아내야 합니다.

개인 종말이나 세상 종말이 있기 전에, 그리스도 밖에 있는 사람은 벌써 죄로 인해 심판을 받았습니다. 구약시대에는 이런 사람들이 하나님 앞에 나와서 예배 속에서 자신의 죄를 회개하고 죄사함을 받았습니다. 그리고 자신의 죄를 흠 없고 온전하고 깨끗한 동물에게 모두 전가한 후에 속죄의 희생 제사를 드림으로 구원을 확증 받았습니다. 그리스도 예수께서 세상에 오기 전에는 회개를 통해 죄사함을 받으려고, 매년 유월절 절기 기간에 어린양을 잡아 속죄의 희생제사로 드려서 온전한 구원을 확인했습니다. 그렇지만 이것은 영원한 구원이 아니라 다음 유월절 희생 제사를 드릴 때까지만 유효한 온전하지만, 제한적인 구원이었습니다. 이런 면에서 구약의 유월절 희생제사는 온전하지만, 불완전한 구원이었습니다. 예수 그리스도가 아버지 하나님께서 약속하신 대로 육신을 입으시고 이 땅에 오신 것은 바로 이러한 온전하지만 불완전한 구원의 방법을 완전한 방법으로 바꾸어 주시려는 창조주 하나님의 준비된 선물이었습니다.

예수님이 세상에 오신 이후에는 사람들이 자신의 죄를 회개하여 죄사함을 받은 후, 그리스도 예수를 온전히 영접하면 단 한 번의 신앙고백으로 영원한 생명과 온전한 사랑의 뿌리를 회복 받습니다. 이것은 매년 유월절 어린양의 희생을 통해 확인해야 했던 온전하지만 불완전했던 구원방식이, 예수 그리스도를 통해 온전하면서 완전한 구원방식으로 전환된 것입니다. 그러므로 유월절의 어린양이 되어 죄인된 사람의 죄를 짊어지시고 십자가에서 피 흘려 죽으신 예수님을 영접해야 합니다. 이때 바로 원죄와 자범죄, 그리고 허물이 온전히 용서를 받습니다. 그리고 십자가 위에서 죽으신 후 음부의 권세를 제압하시고 죽음의 권세를 이기신 다시 사신 예수님을 임금, 그리스도, 그리고 살아 계신 하나님의 아들로 믿을 때 영원한 생명이 회복됩니다. 예수 그리스도를 믿으면 매년 유월절기에 드리던 희생제사는 더 이상 드리지 않아도 됩니다. 그럼에도 불구하고 유월절의 의미를 기억하고 되새겨 부활절기로 기념하는 것은 신앙생활의 능력과 소망이 됩니다.

유월절

> 내가 애굽 땅을 칠 때에 그 피가 너희가 사는 집에 있어서 너희를 위하여 표적이 될지라 내가 피를 볼 때에 너희를 넘어가리니 재앙이 너희에게 내려 멸하지 아니하리라 14 너희는 이 날을 기념하여 여호와의 절기를 삼아 영원한 규례로 대대로 지킬지니라 (출 12:13-14)

유월절passover, חסם의 용어적 의미는 히브리말로 '죽음(재앙)을 넘어서다'라는 뜻입니다. 이스라엘 민족이 이집트의 파라오(통치자)의 통치로부터 해방된 것을 기념하는 날입니다. 유대력으로는 1월 14일 저녁(태양력 3, 4월경)입니다.

이 날은 예수께서 열두 제자들과 최후의 만찬을 나누신 날로 기념됩니다. 예수님은 유월절을 자신의 살과 피를 상징하는 떡과 포도주를 나누면서 하나님의 자녀가 되는 복을 허락하시고 죄의 억압에서 해방됨을 선언하셨습니다. 또 최후의 심판 때 영원한 멸망의 재앙을 넘어갈 수 있도록 허락하신 하나님의 약속이 담긴 중요한 절기입니다. 그래서 그리스도인은 유월절기를 기념하며 기쁘게 지켜야 합니다.

유월절 어린양 희생의 의미

이집트에서 430여 년을 노예생활하던 이스라엘 민족에 대하여 하나님께서는 그분의 사역자 모세를 통해 이집트 파라오의 통치에서 해방시킬 것을 선언하셨고, 이집트의 파라오(고대이집트의 통치자 혹은 왕을 뜻함)는 단호하게 하나님의 뜻을 거절했습니다. 그러자 하나님은 순차적으로 열 가지 재앙을 이집트 온 지역에 내리시면서, 열 번째 재앙으로 온 이집트 가정의 장자를 죽이는 죽음의 재앙을 내리셨습니다. 그때 하나님은 이스라엘 민족의 가정에게 어린양을 잡고 그 피를 집 좌우 문설주와 인방the sides of tops of the doorframes에 바르면 죽음의 사자가 그냥 지나갈 것을 약속하셨습니다. 결국 열 번째 재앙으로 이집트의 장자는 다 죽었지만, 어린양의 피를 집 문설주와 인방에 바른 이스라엘 민족과 함께 한 모든 가정의 장자the eldest son는 목숨을 보존할 수 있었습니다.

그들은 유월절을 통해 하나님의 능력을 확실히 체험했습니다. 이 역사적 사건은 이스라엘이 최초로 지켰던 유월절이었으며, 성경이 증거하는 유월절의 유래가 되었습니다.

신약시대에 이르러 예수님은 말씀이 육체가 되어 이 땅에 오셔서 생명구원 사역을 하시다가 유월절기에 자신의 살을 나누시고 피를 흘리셔서 죽으시고 부활하셨습니다. 이것은 마귀 세력의 압제와 죄의 억압을 온전히 이기셔서 그리스도인들에게 영원한 죄로부터의 해방과 온전한 생명을 주셨음을 공표한 것입니다. 그러기에 예수님은 구약시대의 유월절의 의미를 온전하게 완성하셨습니다.

결국, 예수님은 영원한 유월절 희생의 어린양이 되셔서 온전한 생명구원의 길을 영원토록 열어주셨습니다.

하나님의 사랑은 "허물로 죽은 우리를 그리스도 예수 안에서 살리셨고"(엡 2:4-5)라고 말씀하고 있습니다.

이상한 문구를 발견하게 됩니다. 분명 사람은 죄로 인해 죽은 것으로 배웠습니다. 그런데 여기서는 허물로 죽은 사람이라고 말하고 있습니다. 그렇다면 성경이 잘못 쓰여진 것입니까? 그렇지 않습니다.

물론 사람은 원죄(original sin, 아버지 하나님과의 교제단절)로 인해 죽게 되었습니다. 그런데 아담은 죄를 모르는 상태에서 피조물 사이에서 발생한 허물로 죄를 생산하여 죽음에 이르게 된 것입니다. 그러므로 '허물로 죽은 사람'이라는 말은 '아담의 원죄가 유전된 사람'이라는 뜻입니다. 아담은 자신의 허물로 하나님의 얼굴을 피하는 자범죄를 저질렀고, 그 자범죄가 깊어지면서 하나님과의 관계가 단절되는 원죄의 상태로 발전한 것입니다.

> 때가 차매 하나님이 그 아들을 보내사 여자에게서 나게 하시고 율법 아래에 나게 하신 것은 5 율법 아래에 있는 자들을 속량하시고 우리로 아들의 명분을 얻게 하려 하심이라(갈 4:4-5)

하나님은 (원)죄가 유전된 사람을 그리스도 예수 안에서 살리셨습니다. '그리스도 예수 안에서'라는 어휘는 다음과 같은 의미를 내포합니다.

아버지 하나님께서는 예수님을 여자의 몸에서 나게 하시면서 동시에 율법 아래 태어나게 하셨습니다. 예수님은 근본적으로 죄가 없으십니다. 그렇지만 아담의 원죄를 짊어지기 위해서 율법 아래 태어나셨습니다. 이것은 율법 아래 있는 아담의 원죄가 유전된 모든 사람을 구원하시려는 하나님의 계획이었습니다. 하나님은 허물로 인해 죽은 아담의 원죄를 용서하시고 그리스도 예수의 피로 영원한 생명을 회복시키시기 위해 온전한 영이신 그분의 아들을 육체를 입혀 세상에 보내셨습니다. 그리스도 예수께서 입으신 육체는 세상 죄를 짊어지기 위해 유월절 어린양이 되어 피 흘려 죽으셨습니다. 이것은 삼위일체 하나님께서 약속하신 구원의 방법입니다. 그리고 그리스도 예수의 육체가 십자가에 못 박혀 달려 고통 가운데 죽으신 것은 사람의 원죄의 값을 지불하시고, 모든 자범죄와 허물을 용서하기 위한 하나님의 구체적인 죄 소멸의 방법이었습니다. 그러므로 예수님이 십자가에 피 흘려 죽으신 것은 **죄씻김을 통해 죄용서를 선언하신 놀라운 은총의 사건입니다.**

하나님은 온전한 구원을 받은 그분의 자녀들을 그리스도 예수와 함께 하늘에 앉히시고 다시 세상을 관리하며 살 수 있도록 자녀의 권리, 영원한 생명, 그리고 온전한 사랑의 뿌리를 회복시켜 주셨습니다.

5. 온전한 구원, 보장받은 생명

죄사함받고 그리스도 예수 안에 있는 생명을 가진 사람들(롬 8:9-10)은 온전한 구원을 받은 것입니다. 이것은 어떤 경우에서도 흔들리지 않은 보장된 구원입니다. 그들은 천국복음 안에서 영원한 생명을 보장받아 영원한 교제를 나누게 되었습니다. 이것은 온전한 절차를 거쳐 바르게 시작된 구원이라는 의미입니다. 그러므로 우리는 흔들리지 않는 믿음으로 구원을 완성시켜 나가야 합니다. 하나님께서는 원죄를 회개하고 죄사함받아 그리스도 예수를 생명의 임금으로 받아들인 사람에게는 두 번 다시 빗나갔던 관계성에 대해 언급하지 않으십니다. 모든 것을 용서하고 수용하십니다. 그리고 더 이상 그 죄를 묻지 않으십니다. 이런 면에서 온전한 구원을 보장받은 것입니다.

그러나 온전한 구원이 시작된 사람일지라도 하나님께로부터 돌아서서 세상으로 나가면 그것은 다시 원래의 깨어진 관계로 돌아갑니다.

세 종류의 그리스도인

(1) 세상에 앉아 세상을 판단하며 사는 종교적인 그리스도인

성경말씀을 읽고, 깊이 이해한 사람들이 여기에 해당합니다. 이 사람들은 하나님을 알고, 예수 그리스도를 알고, 성령 하나님의 사역을 잘 이해합니다. 그런데 분명한 하나님의 복음을 정확히 알지 못하여 온전한 구원이 시작되지 않은 사람들입니다. 그들은 회개를 통한 죄 사함의 비밀을 깨닫지 못한 채, 교회공동체 일원으로서 율법적이고 습관적인 신앙생활에 익숙해져 있는 사람들입니다. 삼위일체 하나님을 고백하지만 성령의 사역이나 은사를 이해하지 못하여 은사활용에 소홀한 사람들입니다. 그래서 자신의 열정으로 사역하지만 쉽게 지치고, 기쁨을 찾지 못하는 사람들입니다. 삼위일체 하나님의 능력과 사역을 가볍게 여기는 사람들입니다. 이것이 성경이 말하는 죄입니다.

그들의 특징은 탐심이 가득하고, 자신 혹은 집단의 이기적인 기준으로 다른 사람을 판단하고, 쉽게 정죄합니다. 하나님께 사랑받는 기쁨과 평화를 먼저 구하기 전에, 다른 사람의 시선을 더 중요하게 생각합니다. 그들은 하나님께 기쁨을 드리는 하나님의 사역에 집중하기보다는, 그들 자신이나 혹은 집단의 이익에 우선되는 사역을 선호합니다. **성경대로 살기보다는 자신의 지식대로 살려고 합니다.** 세상적인 시각을 버리지 못하여 민주적인 다수결의 원칙을 좋아하며, 모든 결정을 합리적으로 처리하는 방식을 선택합니다. 세상의 기업성장 원리를 따라 교회공동체를 운영하기 좋아합니다. 하나님이 허락하시지 않아도 교회 리더십 그룹에서 결정한 사역은 추진해 나갑니다. 하나님의 영적인 능력과 성령의 사역을 이해하지만, 그분의 능력을 사용하는 방법을 모르는 사람들입니다. 이런 사람들을 일컬어 종교적인 그리스도인이라고 합니다. 엄격히 말해 가짜 그리스도인 또는 짝퉁 그리스도인이라고 합니다.

(2) 세상에 앉아 하늘을 바라보며 사는 육체적인 그리스도인

육체적인 그리스도인은 하나님의 복음을 깨닫고 온전한 구원을 받은 사람들입니다. 하나님과 하나님 나라에 대한 죽었던 영이 다시 살아나 하나님과 교제를 시작한 사람들입니다. 죄사함과 거듭남의 비밀을 온전히 깨달아 성경대로 구원받은 그리스도인입니다. 하나님 나라의 상속권을 분명히 받은 사람들입니다. 그런데 **아직 철이 나지 않은 그리스도인**입니다. 어린 아기 같은 그리스도인입니다. 쉽게 토라지고 때로는 육신의 갈등을 이기지 못하여 방황하는 그리스도인입니다. 기도를 하면서도 세상에 대한 걱정, 근심, 의심, 공포가 떠나지 않는 그리스도인입니다. 무엇을 마실까, 먹을까, 입을까 하는 걱정이 앞서서 쉽게 넘어지고 쓰러지지만 또 격려로 보살펴 주면 훌훌 털고 잘 일어서는 그리스도인입니다. 아직 영적 능력을 사용하지는 못하지만 하나님 나라에 대한 소망은 간절하고 확고한 그리스도인입니다. 온전한 구원이 시작된 그리스도인이지만, 아직 생활의 변화가 구체적으로 일어나지 않아 주변 사람들에게 영적인 피해를 주거나 실망을 안겨 주기도 합니다.

이 단계의 신앙에서 어린이 수준의 신앙단계까지 자라는 과정에서 행동에는 갈등이 있지만, 믿음은 확고한 그리스도인입니다. 이 단계의 영적 수준에 있는 머물고 있는 사람들을 일컬어 육체적인 그리스도인이라고 합니다. 다른 표현으론 혼적인 그리스도인이라고 합니다. 영분별이 부족하여 혈과 육의 싸움에 서슴지 않고 집중합니다. 그리고 돌아서서 마귀 세력에게 당한 것을 분통해합니다. 이 단계의 그리스도인들은 온전하지만, 연약한 믿음을 지니고 있기에 시험을 받아 쉽게 넘어지기도 잘합니다. 그러므로 이 단계에 머물러 있는 그리스도인은 든든한 믿음을 지닌 사람들과 깊은 영적 교제를 나누는 지혜를 가져야 합니다.

(3) 하늘에 앉아 세상을 관리하며 사는 영적인 그리스도인

영적인 그리스도인은 온전한 구원이 이루어진 상태의 그리스도인입

니다. 그들은 말씀을 통해 마음의 평화를 누리며 삽니다. 자족과 만족을 배워 실천하는 그리스도인입니다. 그들은 사랑의 열매를 비롯한 성령의 열매를 작게 혹은 크게 맺습니다. 그리고 그 열매가 온전합니다. 시험과 고난이 면제된 것은 아니지만, 말씀 따라 살면서 그것들을 믿음의 방식으로 풀어나갑니다. 영분별이 이루어져 혈과 육의 싸움을 멈추고 악한 영과의 전쟁을 선포하며 삽니다. 하나님께서 사랑을 베풀어 주시어서 그리스도 예수와 함께 하늘에 앉혀주신 감격을 잊지 않고 삽니다. 하나님 나라의 상속자가 된 기쁨을 만끽하면서 세상을 관리하고 지배하는 온전한 그리스도인입니다. 의심을 떨쳐버리고 믿음으로 표적과 이적을 선포하여 날마다 새로운 믿음의 역사를 쓰며 사는 그리스도인입니다(시 106:5; 고전 15:50).

그러므로 회개 후 죄사함을 받고 예수를 주(임금)와 그리스도로 믿는 믿음으로 구원받는다는 사실을 마음으로 믿어 영, 혼, 육체가 깨끗하게 되고, 이 사실을 입으로 고백하여 생명구원을 날마다 확인합니다. 그렇게 되면 "진리를 알지니 진리가 너희를 자유롭게 하리라"(요 8:32)는 말씀의 의미를 깊게 영적으로 깨달을 수 있습니다. 진리는 죄사함(하나님 아버지께서 직접 하시는 일)과 예수 그리스도 안에 있는 생명(예수 그리스도가 직접 하시는 일)입니다. 이것은 세상을 이기는 능력입니다. 성령 하나님께서 지혜를 주시면 이 진리를 깊이 체험하고 알게 됩니다.

하나님을 사랑하는 것은 이것이니 우리가 그의 계명들을 지키는 것이라 그의 계명들은 무거운 것이 아니로다 4 무릇 하나님께로부터 난 자마다 세상을 이기느니라 세상을 이기는 승리는 이것이니 우리의 믿음이니라 5 예수께서 하나님의 아들이심을 믿는 자가 아니면 세상을 이기는 자가 누구냐 6 이는 물과 피로 임하신 이시니 곧 예수 그리스도시라 물로만 아니요 물과 피로 임하셨고 증언하는 이는 성령이시니 성령은 진리니라 7 증언하는 이가 셋이니 8 성령과 물과 피라 또한 이 셋은 합하여 하나이니라

(요일 5:3-8)

그렇게 되면 세상의 시험에 때론 지치고 넘어지기도 하지만, 마음은 결코 동요되지 않습니다. 그와는 반대로 오히려 변하지 않을 하나님 나라에 대한 확신이 더 크게 자리 잡습니다. 그래서 깊어진 경건함과 두려움을 가지고 하나님을 섬기게 됩니다. 성령 하나님께서는 이런 온전한 그리스도인들의 죄와 허물이 고백되면 소멸시키는 불로 태우고 정결케 하십니다. 고백된 죄와 허물을 두 번 다시 묻지도 않으십니다. **만약 한 번 고백된 죄와 허물이 계속 당신의 마음을 무겁게 한다면 그것은 마귀 세력의 시험입니다.** 예수 그리스도의 이름으로 마귀 세력의 시험을 물리치십시오. 이런 사람들은 위로부터 오는 평화를 소유하게 됩니다. 결국 마음의 평화가 당신을 자유롭게 할 것입니다.

그러므로 우리가 흔들리지 않는 나라를 받았은즉 은혜를 받자 이로 말미

암아 경건함과 두려움으로 하나님을 기쁘시게 섬길지니 29 우리 하나님
은 소멸하는 불이심이라(히 12:28-29)

또 마귀(세력)가 즐겨 사용하므로 짝퉁 그리스도인을 만드는 구절이
있습니다.

영혼 없는 몸이 죽은 것 같이 행함이 없는 믿음은 죽은 것이니라(약 2:26)

교회공동체의 구원이 행위로 시작된다고 말하는 사람들도 있습니
다. 어떤 유사 기독교 종교는 행위구원을 가르치고 강조합니다. 그래
서 율법적인 짝퉁 그리스도인을 생산합니다. 분명 교회공동체의 온전
한 구원은 회개와 예수님을 믿는 믿음으로 시작됩니다. 그러나 온전
한 믿음이 시작된 후에, 믿음의 열매로서 선한 행위가 뒤따르지 않으
면 욕심과 탐심에 예민하게 반응하는 사람이 됩니다. 결국 사람의 욕
심이 죄를 초청한 후, 죄와 결탁하므로 죄를 생산하고, 갓 태어난 죄
가 성장하면서 온전한 구원이 완성되지 못하도록 방해한다(약 1:15)고
성경은 말씀합니다. 그러기에 좋은 열매를 맺지 못하는 믿음생활은
욕심이 눈을 가리워 타락을 자청합니다. 그러므로 이 구절의 말씀은
온전한 구원이 시작되었지만 좋은 열매를 맺지 못하고 행동의 변화가
없는 육적인 그리스도인에게 경고의 메시지를 던지는 것입니다. 이 단

계에서 흔들리는 믿음의 사람은 구원 이전의 상태로 돌아갈 가능성도 없지 않음을 시사합니다. 그러므로 구원받은 이후에 그리스도인은 믿음 따라 나타나는 선하고 온전한 행위로써 구원의 성장과 성숙을 드러내야 합니다.

6. 온전한 구원과 율법의 관계

선한 행위의 근거는 율법으로 기준을 삼아야 합니다. 죄를 죄로 알게 하고 허물을 숨김없이 드러내는 작업이 필요합니다. 율법이 그것을 알도록 도와줍니다. 그러므로 율법은 죄를 깨닫는 도구이면서 사랑의 열매를 맺도록 도와주는 도구입니다. 영혼이 살아 활동하게 되면, 회개에 합당한 열매 즉 사랑의 열매가 생산되어야 합니다. 이것을 이루어낼 수 있도록 율법이 이미 온전한 구원이 시작된 사람과 동행하며 회개에 합당한 열매를 맺도록 신실하게 도와줍니다. 그렇게 될 때 온전한 구원을 이루는 믿음이 됩니다. 그러므로 율법은 죄를 깨닫는 도구일 뿐만 아니라, 온전한 구원을 완성하는 도구입니다. 율법은 온전한 구원을 도와주는 구체적인 초등교사의 역할을 하지만(갈 3:24), 결코 온전한 구원의 조건이나 방법은 아닙니다.

궁극적으로 "영혼 없는 몸이 죽은 것 같이 행함이 없는 믿음은 죽은 믿음"이라는 말씀(약 2:26)은 회개에 합당한 사랑의 열매를 맺지 않는 나무마다 찍혀 불에 던져진다는 말씀과 연결해 보아야 합니다. 그러나 지금 회개에 합당한 사랑의 열매를 맺고 있는 사람은 살아 숨 쉬고 있는 믿음을 가진 사람입니다. 그리고 율법은 그 사람이 살아 숨 쉬는 믿음을 유지할 수 있도록 길잡이 역할을 해 줍니다. 온전한 구원의 시작은 사랑의 선물 안에서 온전한 믿음으로 출발하지만, 구원의 완성은 온전한 성령의 열매를 통해서 율법을 완성해야 하는 것입니다. 그리고 그 믿음의 행위는 심판으로 마무리됩니다. 그러므로 온전한 구원이 시작된 사람은 율법 안에서 사랑의 행위로 심판을 준비하며 살아야 합니다.

> 그러므로 회개에 합당한 열매를 맺고 속으로 아브라함이 우리 조상이라 말하지 말라 내가 너희에게 이르노니 하나님이 능히 이 돌들로도 아브라함의 자손이 되게 하시리라 9 이미 도끼가 나무 뿌리에 놓였으니 좋은 열매 맺지 아니하는 나무마다 찍혀 불에 던져지리라 (눅 3:8-9)

이제 이해가 되십니까? 말꼬리에 집중하지 말고 말머리에 집중해야 합니다. 얄팍한 편견은 또 다른 죄와 허물을 양산합니다.

죄악에 이미 물들어 하나님과 그분의 나라에 대해 이미 죽은 영의 사람은 행위로 구원을 얻지 못합니다. 이런 사람은 죄(원죄, 자범죄, 허물)의 용서를 우선적으로 받고, 예수 그리스도를 영접해야 합니다. 그러나 생명구원을 받은 후에는 자범죄를 회개하고, 그 회개에 합당한 사랑의 열매를 맺어야 구원을 완성할 수 있습니다.

다음 경우를 생각해 보시죠.

"주여 주여 하는 자마다 하나님 나라 들어가는 것이 아니라 내 아버지의 뜻대로 행동하는 자가 하나님 나라에 들어갈 수 있다"고 하십니다. 그러자 사람들은 당황한 기색을 보이면서 무엇이 잘못되었는지 알지 못한다는 표정을 짓습니다. 오히려 자신이 하나님 나라에 들어가는데 하자가 없는 사람임을 입증하려고 합니다. "제가 당신의 이름으로 예언도 하고 능력도 행사하고, 구제하고, 선지자 노릇까지 했는데 무슨 말씀을 하시는지 모르겠습니다."

구하라 그리하면 너희에게 주실 것이요 찾으라 그리하면 찾아낼 것이요 문을 두드리라 그리하면 너희에게 열릴 것이니 8 구하는 이마다 받을 것이요 찾는 이는 찾아낼 것이요 두드리는 이에게는 열릴 것이니라 9 너희 중에 누가 아들이 떡을 달라 하는데 돌을 주며 10 생선을 달라 하는데 뱀을 줄 사람이 있겠느냐 11 너희가 악한 자라도 좋은 것으로 자식에게 줄 줄 알거든 하물며 하늘에 계신 너희 아버지께서 구하는 자에게 좋은 것으로 주시지 않겠느냐 12 그러므로 무엇이든지 남에게 대접을 받고자 하는 대로 너희도 남을 대접하라 이것이 율법이요 선지자니라 13 좁은 문으로 들어가라 멸망으로 인도하는 문은 크고 그 길이 넓어 그리로 들어가는 자가 많고 14 생명으로 인도하는 문은 좁고 길이 협착하여 찾는 자가 적음이라 15 거짓 선지자들을 삼가라 양의 옷을 입고 너희에게 나아오나 속에는 노략질하는 이리라 16 그들의 열매로 그들을 알지니 가시나무에서 포도를, 또는 엉겅퀴에서 무화과를 따겠느냐 17 이와 같이 좋은 나무마다 아름다운 열매를 맺고 못된 나무가 나쁜 열매를 맺나니 18 좋은 나무가 나쁜 열매를 맺을 수 없고 못된 나무가 아름다운 열매를 맺을 수 없느니라 19 아름다운 열매를 맺지 아니하는 나무마다 찍혀 불에 던져지느니라 20 이러므로 그들의 열매로 그들을 알리라 21 나더러 주여 주여 하는 자마다 다 천국에 들어갈 것이 아니요 다만 하늘에 계신 내 아버지의 뜻대로 행하는 자라야 들어가리라 22 그 날에 많은 사람이 나더러 이르되 주여 주여 우리가 주의 이름으로 선지자 노릇 하며 주의 이름으로 귀신을 쫓아 내며 주의 이름으로 많은 권능을 행하지 아니하였나이까 하리니 23 그 때에 내가 그들에게 밝히 말하되 내가 너희를 도무지 알지 못하니 불법을 행하는 자들아 내게서 떠나가라 하리라 24 그러므로 누구든지 나의 이 말을 듣고 행하는 자는 그 집을 반석 위에 지은 지혜로운 사람 같으리니 25 비가 내리고 창수가 나고 바람이 불어 그 집에 부딪치되 무너지지 아니하나니 이는 주추를 반석 위에 놓은 까닭이요 26 나의 이 말을 듣고 행하지 아니하는 자는 그 집을 모래 위에 지은 어리석은 사람 같으리니 27 비가 내리고 창수가 나고 바람이 불어 그 집에 부딪치매 무너져 그 무너짐이 심하니라(마 7:7-27)

마귀 세력에게 사기당한 사람들의 예입니다. 그들은 이렇게 말합니다. "평생을 주여 주여 부르며 살았는데 어찌하여 마른 하늘에 날벼락 같은 소리입니까? 주님 무엇인가 착각하시고 계신 것은 아닌지요? 도저히 저희는 이해가 되지 않습니다. 왜 저희들이 천국 문 앞에서 쫓겨나야 합니까?"

예수님께서 말씀하십니다. "아버지의 뜻대로 행동하지 않았기 때문이다." 예수님께서는 **사랑의 열매가 분명하지 않은 사람들**을 지적하고 계신 것입니다. 정죄와 판단이 앞서고, 교만과 자기 자랑이 앞선 사람들입니다. 당연히 온전한 사랑의 좋은 열매를 맺을 수 없었던 사람들입니다.

그들도 처음에는 회개와 그리스도를 믿는 믿음 안에서 온전한 구원으로 출발한 경우가 대부분일 것입니다. 그런데 생명구원 받은 것을 유지하지 못하고 다시 잃은 경우입니다. 이런 사람들은 하나님을 잘 알고 있었습니다. 예수님의 이름을 사용하는 방법도 잘 알고 있었습니다. 그런데 어느 순간부터 예수님의 자리에 자신이 앉은 것입니다. 그리고 자신의 은사를 남용한 것이죠. 그 결과 하나님이 은사를 거두셨는데, 본인이 그것을 어느 정도 알아차리고도 시인해서 돌이키지 않고 예수님의 이름을 사용하여 멈춘 은사를 남용한 사람들입니다. 또는 은사를 잃어버린 사실조차도 잘 모른 채, 하나님의 이름을 망령스럽게 사용한 경우도 있습니다. 그즈음에 마귀 세력이 그 사람의 마음에 개입합니다. 그리고 마귀는 자신의 능력을 사용하여 그 사람을 자신의 일꾼으로 삼습니다. 이것은 너무도 교묘하기 때문에 깊은 통찰력과 영분별이 없으면 대부분 속아 넘어갑니다. 성령훼방죄는 이렇게 영적 통찰력의 부재로 발생합니다. 성령훼방죄는 생명구원은 받았으나, 그 구원을 온전히 지키지 못한 사람들에게 나타나는 현상입니다.

종교적인 습관에 젖어 살았던 사람들은 이러한 현상에 쉽게 노출되어 안타까운 신앙의 종말을 맞습니다. 그러기에 교회공동체 안에는 계시와 예언이 항상 살아 건강하게 통용되어야 합니다. 그러나 이단 정죄를 받았던 몬타누스주의자들처럼 교회공동체 안에서 계시와 예언, 그리고 종말적인 상황만 고조시켜서 그리스도인들의 일반 생활이 무너지는 일도 지양해야 합니다. 교회공동체는 하나님의 (로고스, 레마)말씀을 토대로 계시와 예언이 자유롭게 통용되어야 합니다. 그렇게 될 때 하나님과의 교제가 끊어지지 않습니다. 또 영원한 생명이 지속됩니다.

> 하나님을 알되 하나님을 영화롭게도 아니하며 감사하지도 아니하고 오히려 그 생각이 허망하여지며 미련한 마음이 어두워졌나니 22 스스로 지혜 있다 하나 어리석게 되어 23 썩어지지 아니하는 하나님의 영광을 썩어질 사람과 새와 짐승과 기어다니는 동물 모양의 우상으로 바꾸었느니라 24 그러므로 하나님께서 그들을 마음의 정욕대로 더러움에 내버려 두사 그들의 몸을 서로 욕되게 하게 하셨으니 25 이는 그들이 하나님의 진리를 거짓 것으로 바꾸어 피조물을 조물주보다 더 경배하고 섬김이라 주는 곧 영원히 찬송할 이시로다 아멘 26 이 때문에 하나님께서 그들을 부끄러운

욕심에 내버려 두셨으니 곧 그들의 여자들도 순리대로 쓸 것을 바꾸어 역리로 쓰며 27 그와 같이 남자들도 순리대로 여자 쓰기를 버리고 서로 향하여 음욕이 불 일듯 하매 남자가 남자와 더불어 부끄러운 일을 행하여 그들의 그릇됨에 상당한 보응을 그들 자신이 받았느니라 28 또한 그들이 마음에 하나님 두기를 싫어하매 하나님께서 그들을 그 상실한 마음대로 내버려 두사 합당하지 못한 일을 하게 하셨으니 29 곧 모든 불의, 추악, 탐욕, 악의가 가득한 자요 시기, 살인, 분쟁, 사기, 악독이 가득한 자요 수군수군하는 자요 30 비방하는 자요 하나님께서 미워하시는 자요 능욕하는 자요 교만한 자요 자랑하는 자요 악을 도모하는 자요 부모를 거역하는 자요 31 우매한 자요 배약하는 자요 무정한 자요 무자비한 자라 32 그들이 이같은 일을 행하는 자는 사형에 해당한다고 하나님께서 정하심을 알고도 자기들만 행할 뿐 아니라 또한 그런 일을 행하는 자들을 옳다 하느니라(롬 1:21-32)

| 7장 |

구원을 사수하라

1. 마귀 세력의 실체

마귀 세력은 자주 천사로 가장해서 사람들에게 다가옵니다. 때로 그들은 병도 고칩니다. 예언도 합니다. 구제도 합니다. 귀신도 쫓아냅니다. 어떻게 그런 일을 할 수 있느냐고요? 마귀 세력은 타락한 천사의 무리입니다. 그들은 영적 실체일 뿐 아니라 대단한 능력을 소유하고 있습니다. 결코 육신을 입고 있는 사람은 단독으로 마귀 세력을 대적할 수 없습니다. 그들의 능력은 하나님의 능력을 흉내 낼 정도로 대단합니다.

통칭 '사탄의 회'라고 부르는 마귀 세력은 지도자 그룹, 스탭 그룹, 명령하달 그룹, 명령수행 그룹이 있습니다. 귀신은 제일 하급 그룹에 속합니다. 그들은 계급의 파워에 절대적으로 복종합니다. 그들의 병고침이나 기적은 그 상위세력이 명령하여 단지 더 강한 세력을 그 자리로 이동시키는 것일 뿐 결코 악한 영이 빠져나간 것이 아닙니다.

그러므로 마귀 세력의 실체를 이해하고 그들의 영적 공격에 대비해야 합니다. 세상의 배후에는 사람의 눈으로 볼 수 없는 악한 영의 세력이 적극적으로 활동하고 있습니다. 그러므로 영적인 긴장감을 가지고 살아야 합니다. 교회공동체 안에 있는 사람들일지라도 깨어 경계하지 않으면 불의, 탐욕, 시기, 살인, 분쟁, 비방, 배교 등을 쉽게 저지릅니다. 마귀 세력은 영적으로 배후에서 사람들의 마음soul을 다양한 방법으로 조종하고 있습니다.

마귀와 그 세력

마귀 세계에도 계급이 있습니다(엡 6:12). '사탄의 회'라고 불리는 마귀의 조직은 세상의 군대조직과 매우 흡사합니다.

> 우리의 씨름은 혈과 육을 상대하는 것이 아니요 통치자들과 권세들과 이 어둠의 세상 주관자들과 하늘에 있는 악의 영들을 상대함이라(엡 6:12)

(1) 마귀

마귀는 히브리말로 사탄שטן이라고 합니다. 마귀는 귀신의 왕(마 9:34), 죽음의 세력을 잡은 자(히 2:14), 거짓의 아비(요 8:44)로서 하나님의 천상회의(욥 1:6-12, 2:1-6)까지 참석할 수 있는 존재입니다. 마귀는 원래 하나님을 섬기던 영적 존재였으나 삼위일체 하나님의 사역을 넘보다 쫓겨난 **이층 하늘의 총사령관입니다.** 그는 '새벽 별(Morning Star/ 사 14:12)'이라는 별칭을 가지고 있습니다(예수님은 광명한 새벽 별the bright Morning Star 계 22:16). 그는 삼위일체 하나님을 흉내 낼 정도로 큰 능력을 가지고 있습니다. 사람은 어떠한 경우라도 마귀를 극복하거나 이길 수 없습니다. 또한 마귀는 사람을 직접 상대하지 않습니다. 하나님께서 만든 피조물 가운데 가장 뛰어난 지, 정, 의를 갖춘 뛰어난 영적 존재이기도 합니다. 잔인하면서 부드럽고 달콤하면서 빈틈없는 풍부한 지식과 화려한 언변으로 예수 그리스도를 가장 많이 흉내 냅니다. 그는 자신의 세력 앞에 만물을 굴복시키려 합니다.

(2) 하늘의 악한 영(사령관 계급)

전쟁을 주관하는 사악한 영입니다. 지배자에 속합니다. 지상세계와 둘째 하늘 전체를 지배하는 악한 영입니다. 그들은 한 무리를 지어 둘째 하늘과 지상 세계를 자유롭게 돌아다닙니다. 그들의 능력은 상상을 초월할 정도로 강합니다. 그러기 때문에 모든 세상의 악한 영들은 계급과 질서 따라 그들의 파워 앞에 굴복합니다. 이들은 모든 사악한 일을 진두지휘합니다. 무자비하고 잔인하여 하급 그룹의 영들도 무서워하는 영입니다.

그들은 전문성을 지닌 특수부대를 가지고 있습니다. 분열, 의심, 분리, 비방에 대한 전문성을 지닌 특수부대를 수시로 가동합니다. 특별히 교회공동체에 관련된 사람들을 공격할 때 이 특수부대가 동원됩니다. 이들은 수시로 그리스도인의 등에 업혀 교회공동체 안에서 활동합니다. 이 계급의 영의 지배를 받는 특수부대에게 공격받는 사람이나 공동체는 거의 어김없이 유혹에 넘어가서 악한 영(세력)의 사역에 동참합니다. 그럼에도 불구하고 끝까지 자신의 마음을 지키고, 그의 영혼이 삼위일체 하나님께 집중하는 사람은 마귀 세력이 직접 건드리지 못합니다. 왜냐하면 성령 하나님이 직접 천사를 대동하여 지켜보고 계시기 때문입니다. 아무리 악한 하늘의 영이라도 삼위일체 하나님 앞에서는 철저히 굴복합니다.

(3) 어두운 세계의 지배자(공중의 사단장 계급)

이 세상의 사악한 일을 명령하며 진행해 나갑니다. 지상의 모든 가증한 일, 즉 우상숭배, 거짓말, 사탄숭배를 조장하는 영입니다. 탐욕의 영과 배교의 영들이 어두운 세계의 지배자 그룹에서 활동합니다. 폭력을 쉽게 사용합니다. 무자비하며 거칠고 잔인합니다. 이들은 특수 전문조직을 운영하여 지상의 환경을 통해 사고를 유발시키기도 합니다. 사납고 가중된 태풍, 대지진, 화산폭발, 쓰나미, 대학살 등등 상상을 초월한 사건에 개입하여 이 세상을 공포와 공황상태로 몰아가기도 합니다. 그러나 하나님께서 허락하신 범위 안에서만 공격이 가능합니다. 그들은 사람을 직접 죽일 능력도 있습니다. 하지만 결코 생명을 함부로 죽이지 못합니다. 왜냐하면 삼위일체 하나님만 고유권한을 가지고 생명을 심판하시기 때문입니다.

(4) 권세자(장교 계급)

이 악한 영의 세력은 지상을 움직이게 하는 것들을 도구로 삼습니다. 권력, 명예, 돈, 관계를 이용하여 사람의 마음과 생각을 사로잡습니다. 그래서 사람들이 권력, 명예, 돈 때문에 어떤 일이든 자행하게 만듭니다. 전문성을 가지고 활동하며 간교한 영, 두려움의 영, 자학의 영, 교만의 영으로 활동합니다. 사람의 육체에 자해를 가하며, 우울증을 일으켜 자살을 유도하는 사악한 영이 여기에 속합니다. 대개 집단이나 공동체를 포섭하여 집단적인 타락을 유도하는 영입니다. 교회공동체 안에서는 종교지도자나 교회리더 그룹에 작용하여 **성령훼방죄를 범하도록 유도하는 간교한 영**입니다. 간혹 광명한 천사로 가장하여 활동하는 악한 영입니다(고후 11:12-15).

사도 바울이 회심하기 전 그리스도인들을 잡아 잔혹하게 죽인 행동은 바로 이 계급의 무자비한 영들이 활동한 것입니다. 이 계급의 영들은 교회권력이나 정치권력을 이용하여 사람들을 핍박합니다. 이 세력은 사람들을 이간시켜 배신하게 하고 싸움을 조장합니다. 이 세력은 자신들의 이간이 먹히지 않을 때 무력을 사용하여 겁박을 주며 사람들을 지배해 나갑니다.

(5) 통치자(직업군인 계급)

이 영의 세력은 지상을 움직이는 이론을 도구로 삼습니다. 이념, 규례, 헌법, 과학적 이론, 문화적 이론, 전통적 이론 등을 이용하여 세상 조직을 만들고, 그 조직 속에서 사람들을 지배합니다. 이 악한 영들이 주관하여 만든 세상 조직에서 이탈하는 사람은 예외 없이 보복당합니다. 그래서 사람들로 하여금 두려움에 사로잡히게 합니다.

마귀는 세상의 통치자를 곳곳에 세우고, 그들을 통해 자신의 의지를 대변하게 합니다. 마귀는 이 계급을 통해 구체적으로 사람들의 생활 속에 질서 있게 침투하여 자신들의 기준을 거부하지 못하도록 실력을 행사하며 억압하여 활동을 제한합니다.

(6) 귀신(행동계급)

귀신은 가장 저급한 영입니다. 귀신은 추잡하고 더러운 영입니다.

역겨운 냄새도 납니다. 귀신의 형태는 다양합니다. 특별히 귀신은 음란하고 추한 행동을 유발하는 영이 많습니다. 사람의 **기본적인 생리욕구를 통해 가장 야비한 방법으로 유혹에 빠지게 만듭니다.** 본질은 변형하지 못하지만 속임수를 통해 미혹시키거나 소리나 형태로 착각하게 만드는 치졸한 영입니다. 이들은 스스로의 파괴력이 없습니다. 그러나 사람을 집요하게 유혹해서 유혹당하는 사람이 악한 행동을 스스로 저지르게 만듭니다.

마귀 세력은 세상의 권세자이며 통치자로 군림하려 온갖 수단을 사용합니다. 그러기 때문에 가능하고 비열한 모든 방법을 동원하여 사람들을 미혹하여 세상에 묶어두고 자기의 부하subordinate로 거느리길 원합니다. 그러므로 하나님의 말씀대로 살지 않고 세상의 문화와 이론을 좇아 살고 있다면 그 사람은 이미 악한 영들의 부하입니다. 마귀 세력은 사람들을 자기의 명령수행 그룹을 통해 세상의 문화, 과학, 그리고 매스컴으로 유혹하여 하나님과 관계를 소홀하게 만듭니다. 그리고 하나님 나라에 대한 비전을 상실하게 만듭니다.

마귀 세력은 자칭 그리스도인들이 죄사함 없이도 의지, 감정, 혹은 이성만의 단독적인 신앙고백만 하도록 유도합니다. 그들은 (원)죄의 온전한 회개 없이 짝퉁 신앙고백을 하도록 적극적으로 돕습니다. 마귀 세력은 성경을 너무 잘 알고 있습니다. 예수님에 대해서도 너무 잘 알고 있습니다. 그러기에 그들은 하나님과의 관계를 회복시키지 않은 상태에서 예수만 소개하고 성경만 열심히 배우고 익히면 구원받은 것으로 착각하게 분위기를 조장합니다. 악한 영들은 회개 없이도 가능한 소위 짝퉁 신앙고백 또는 반쪽 신앙고백을 하도록 부추긴 후, 사람들이 하나님을 잘 이해할 수 있도록 적극적으로 돕습니다. 그리고 그것이 온전한 믿음을 가진 것처럼 착각하게 만듭니다. 그래서 하나님의 말씀을 자신의 이성, 감성 혹은 의지의 잣대로 판단하게 합니다. 결국 이러한 사람들은 삼위일체 하나님을 자신의 수준으로 끌어내리는 결과를 초래합니다. 이것이 (원)죄입니다.

예수님에 대해서 너무 잘 아는 사람이 이런 오류에 빠지기 쉽습니다. 성경을 많이 아는 사람도 마귀 세력의 속임수에 잘 넘어갑니다. 악한 영들은 의도적으로 사람들이 원죄를 고백하지 못하도록 유도합니다. 그래야만 사람들이 자기 통제에서 벗어나지 못한 채 허물에 대한 고백만으로 진정으로 아버지 하나님과의 관계가 회복되는 것을 방해할 수 있기 때문입니다. 그들은 수시로 종교적인 가르침을 통해서 사람들이 죄의 결과만을 고백하게 만듭니다. 그리고 그 정도와 수준에서 스스로 만족하게 합니다. 악한 영들은 죄사함의 비밀을 가능한 적극적으로 감춥니다. 죄사함 없이 죄의 결과인 허물로 회개하고 의지적이거나 감정적 혹은 이성적인 신앙고백을 통해서 그 기준 따라 신앙생활을 해 나가도록 유도합니다. 자신의 판단을 기준으로 신앙생활의 오차를 찾게 합니다.

그 흔한 예가 바로 율법의 잣대입니다. 율법의 조항을 제시하여 다 지키지 못한 허물만 먼저 회개시켜서 사람들이 스스로 부정적 이미지만 찾게 합니다. 그래서 사람들이 영원한 생명을 얻은 기쁨을 누리지 못하게 합니다. **율법은 허물과 죄를 찾아내는 도구일 뿐입니다. 율법으론 구원받을 수 없습니다.** 덧붙여 말하자면 율법을 하나도 어김없이 다 지켜야 구원받을 수 있는데 율법을 다 지킬 수 있는 사람은 단 한 사람도 없습니다. 그러기에 악한 영들은 율법의 가르침을 강요하여 사람들이 율법 때문에 모두 죽게 유도합니다. 미묘한 차이이기에 영분별의 능력이 갖춰지지 않으면 구분하기 힘듭니다. 마귀 세력은 이것을 노리는 것입니다. 그들은 사람들을 무늬만 갖춘 그리스도인이 되게 합니다. 그들의 계략 아래서 교회의 사람들조차 짝퉁 그리스도인이 되게 합니다. 교회 공동체 안에 있는 사람들은 자신이 무늬 그리스도인 혹은 짝퉁 그리스도인인 것을 모르는 경우가 참으로 많습니다. 심지어 사역자로 부름받아 일선에서 사역하는 사람들도 영분별을 하지 못하여 속아 넘어가는 경우도 많습니다. 이런 경우 자신이 무엇을 회개해야 할지 전혀 모르고 허물만을 자백하거나 회개한 후, 죄사함받은 것으로 스스로 생각하고 있는 경우도 적지 않습니다.

마귀의 고차원적인 속임수, 짝퉁 구원
입술만의 허물고백은 죄사함 없는 가짜 구원

그러므로 예수님에 대해서 매우 잘 아는 것으로 그치면 안 됩니다. 천국복음을 확실히 알고 믿어야 구원받습니다. 성령 하나님께서 사람의 양심을 통해 말씀하시는 소리와 사인sign을 듣고 보아야 합니다. 그래서 (원)죄의 실체를 알아야 합니다. 죄의 실체를 알면 죄의 결과는 성령 하나님께서 지적해 주십니다. 그러고 나면 성령께서 양심을 통해 믿음고백을 할 수 있도록 도와주십니다. 예수를 확실히 믿는다면 예수님께서 하신 말씀에 집중하게 됩니다. 예수님은 그분의 말씀을 통해서 구원의 전제조건이 죄사함, 곧 아버지 하나님과의 관계 회복이라는 것을 확실히 알게 하십니다. 그런 후, 예수 그리스도를 믿어야 진정으로 구원받게 되는 것을 강조하셨습니다(막 1:14-15; 행 20:21, 26:17-18; 갈 2:19-20). 그렇게 될 때 온전한 구원이 시작되는 것입니다(갈 2:19-20).

예수님에 대해서만 잘 아는 것은 그리 중요한 일이 아닙니다. 마귀 세력은 이 세상에서 예수님에 대해 제일 잘 알고 있는 존재라는 것을 계속해서 강조해 왔습니다. 그런데 마귀와 그 세력들은 예수님을 믿지 않습니다. 그래서 그들은 마지막 날에 이미 심판받은 자가 된 것입니다. 악한 영들의 마지막은 멸망입니다. 예수님을 온전히 믿어야 구원받습니다. 예수님은 생명의 주인the author of life입니다. 예수님이 말씀하신 하나님의 복음을 믿고 받아들일 때 온전한 구원을 받습니다. 그러기 위해서는 물(죄사함)과 피(생명회복)로 거듭나는 체험을 해야 합니다.

2. 가나의 혼인잔치, 첫 표적- 하나님의 복음선포

사흘째 되던 날 갈릴리 가나에 혼례가 있어 예수의 어머니도 거기 계시고 2 예수와 그 제자들도 혼례에 청함을 받았더니 3 포도주가 떨어진지라 예수의 어머니가 예수에게 이르되 저들에게 포도주가 없다 하니 4 예수께서 이르시되 여자여 나와 무슨 상관이 있나이까 내 때가 아직 이르지 아니하였나이다 5 그의 어머니가 하인들에게 이르되 너희에게 무슨 말씀을 하시든지 그대로 하라 하니라 6 거기에 유대인의 정결 예식을 따라 두세 통 드는 돌항아리 여섯이 놓였는지라 7 예수께서 그들에게 이르시되 항아리에 물을 채우라 하신즉 아귀까지 채우니 8 이제는 떠서 연회장에게 갖다 주라 하시매 갖다 주었더니 9 연회장은 물로 된 포도주를 맛보고도 어디서 났는지 알지 못하되 물 떠온 하인들은 알더라 연회장이 신랑을 불러 10 말하되 사람마다 먼저 좋은 포도주를 내고 취한 후에 낮은 것을 내거늘 그대는 지금까지 좋은 포도주를 두었도다 하니라 11 예수께서 이 첫 표적을 갈릴리 가나에서 행하여 그의 영광을 나타내시매 제자들이 그를 믿으니라(요 2:1-11)

예수님께서 하나님의 사역을 시작하시면서 첫 번째 베푸셨던 가나의 혼인잔치의 표적은 무엇을 의미할까요?

가나의 혼인잔치의 표적을 통해 예수님은 하나님의 복음을 선포하셨습니다. 예수님은 물로 포도주를 만드신 사건을 통해 단순한 기적의 차원을 넘어서 하나님의 복음이 무엇인지 가르쳐 주시려는 특별한 계획을 세우신 것입니다. 물은 회개를 통한 죄사함을 상징합니다. 그리고 포도주는 예수님의 피 곧 죄사함받은 후 영원한 생명의 회복을 상징합니다. 예수님이 오시기 전까지는 물로 씻음을 통해 죄사함을 받았습니다. 그리고 희생제물의 피로 생명을 회복받는 예식을 매년 반복했습니다. 그런데 예수님께서 이 기적을 베푸신 이후로는 주님이 직접 죄사함의 희생제물이 되어주신다는 선포입니다. 그리고 그 기적은 예수님께서 단 한 번once for all의 죽으심으로 '더 이상anymore' 희생제물의 피 흘림 없이도 온전한 생명이 회복되었음을 보여주셨습니다. 예수님은 잔치 첫째 날, 내놓았던 포도주보다 더 좋은 포도주를 잔치 셋째 날에 만들어 주셨습니다. 이것은 장차 예수님께서 십자가에서 죽으시고, 장사 지낸 지 사흘 만에 죽음의 권세를 제압하시고 다시 사실 것을 예언한 사건입니다. 그동안 유월절 희생제물의 피로 회복된 생명의 의미와는 비교할 수 없는 온전한 생명회복을 선포하신 사건입니다.

더 나아가 이 기적은 예수님의 재림을 선포한 사건입니다. 그리스도인들은 **순결한 신부**holy bride로서 신랑 되신 예수님의 재림을 기다리며 살아야 합니다. 그러므로 예수님이 베푸신 첫 표적은 '하나님의 온전하면서 완전한 복음'을 선포한 놀라운 사건이며, 예수님의 그리스도로서의 처음이자 마지막 사역이기도 합니다. 물로 씻기어 죄사함받고 예수 그리스도의 피를 통해 영원한 생명이 회복되는 것을 믿을 때 온전한 구원이 시작됩니다. 그리고 이렇게 온전한 구원이 시작된 그리스도인들은 예수님의 재림을 기다리며 순결하게 살아야 합니다. 가나의 혼인잔치의 기적은 이렇게 구속의 중요한 의미를 가지고 있습니다.

교회공동체가 말하는 온전한 구원은 참으로 간단하고 명료합니다. 교회공동체의 온전한 구원은 처음과 끝이 분명합니다. **그럼에도 불구하고 일반 종교처럼 이해나 깨달음이 먼저가 아니라, 믿음이 먼저 앞서야 하기에 그 문턱을 넘기가 쉽지 않은 것입니다.** 그러나 성령 하나님의 도움을 요청하면 누구든지 그분의 감동으로 참된 믿음을 고백할 수 있습니다.

온전한 구원의 시작은 하나님의 약속을 받아들이는 믿음뿐입니다. 그렇지만 온전한 구원은 하나님의 명령을 그대로 순종할 때 완성됩니다.

예수께서 각 성 각 마을로 다니사 가르치시며 예루살렘으로 여행하시더니 23 어떤 사람이 여짜오되 주여 구원을 받는 자가 적으니이까 그들에게 이르시되 24 좁은 문으로 들어가기를 힘쓰라 내가 너희에게 이르노니 들어가기를 구하여도 못하는 자가 많으리라 25 집 주인이 일어나 문을 한번 닫은 후에 너희가 밖에 서서 문을 두드리며 주여 열어 주소서 하면 그가 대답하여 이르되 나는 너희가 어디에서 온 자인지 알지 못하노라 하리니 26 그 때에 너희가 말하되 우리는 주 앞에서 먹고 마셨으며 주는 또한 우리를 길거리에서 가르치셨나이다 하나 27 그가 너희에게 말하여 이르되 나는 너희가 어디에서 왔는지 알지 못하노라 행악하는 모든 자들아 나를 떠나 가라 하리라 28 너희가 아브라함과 이삭과 야곱과 모든 선지자는 하나님 나라에 있고 오직 너희는 밖에 쫓겨난 것을 볼 때에 거기서 슬피 울며 이를 갈리라 29 사람들이 동서남북으로부터 와서 하나님의 나라 잔치에 참여하리니 30 보라 나중 된 자로서 먼저 될 자도 있고 먼저 된 자로서 나중 될 자도 있느니라 하시더라(눅 13:22-30)

여기서 예수님을 구원자로 확실히 믿는다고 생각했던 사람들이 막상 하나님 나라에 들어가는 문門, gate에서 거부당하는 경우를 다시 보고 계십니다. 왜 이런 일이 일어난 것입니까?

그들은 처음부터 좁은 문으로 들어가지 않았습니다. 좁은 문은 회개의 문입니다. 회개의 문을 통과하면서 죄사함의 확증을 받은 후 예수님을 그리스도로 확실히 믿어야 하는데, 회개의 문을 통과하지도 않고 넓은 광장에서 예수님에 대하여 듣고 알고 지내던 짝퉁 그리스도인이었기에 하나님 나라에 들어가는 문을 통과할 수 없었습니다. 어설프고 잘못된 회개와 하나님의 양자의 신분이 회복되지 않은 상태에서 자칭 그리스도인으로 살아온 결과로 발생한 위험하고 통탄할 사건입니다. 이런 면에서 아직도 영적으론 어린 아기의 수준에 머물러 있더라도 확실한 죄사함과 하나님의 자녀 신분이 회복된 천국복음을 받아들여 온전한 구원이 시작된 육肉, carnal적인 그리스도인 혹은 혼魂, soulish적인 그리스도인은 하나님 나라에 들어가는 문을 통과하는 데는 어떤 장애물도 있을 수 없습니다. 하지만 스스로 성숙하다고 생각하나 죄사함과 천국복음의 비밀을 정확히 몰라 자칭 그리스도인 혹은 무늬만의 짝퉁 그리스도인은 여전히 구원받지 못한 상태이기 때문에 수십 년을 교회공동체에서 살아도 하나님 나라에 들어가는 문을 통과할 수 없습니다. 짝퉁 그리스도인은 지옥의 문을 두드리고 있는 불안한 신앙인입니다. 하나님 나라에서 먼저 된 자로서 나중 되고, 나중 된 자로서 먼저 될 자는 바로 이 기준에서 판단될 것입니다.

회개 후 복음을 받아들인 그리스도인의 특징은 무엇입니까?

죄사함을 받고 온전한 믿음고백이 이루어진 사람은 반드시 행위로서 열매가 드러납니다. 하나님 나라에서 문전박대당한 사람은 누구입니까? 은사의 결과인 예언의 가르침, 능력의 결과, 병고침의 결과는 있는데 성령의 열매, 곧 사랑의 열매가 없는 사람들입니다. 근본적으로 성령의 은사는 열매를 맺지 않습니다. 오로지 성령의 열매를 맺도록 돕는 도구에 불과합니다.

성령의 열매를 확인해 보십시오.

> 오직 성령의 열매는 사랑과 희락과 화평과 오래 참음과 자비와 양선과 충성과 23 온유와 절제니 이같은 것을 금지할 법이 없느니라 24 그리스도 예수의 사람들은 육체와 함께 그 정욕과 탐심을 십자가에 못 박았느니라 25 만일 우리가 성령으로 살면 또한 성령으로 행할지니 26 헛된 영광을 구하여 서로 노엽게 하거나 서로 투기하지 말지니라(갈 5:22-26)

성령의 열매 가운데는 은사로서의 열매가 보이지 않습니다. 신기하지 않습니까? 은사는 선물일 뿐입니다. 좋은 열매를 맺기 위해서 거름으로 쓰이는 것입니다. 성령의 은사는 생명을 구원시키기 위해 사용하라고 주신 하나님의 선물입니다. 은사 자체가 목적은 아닙니다. 하나님의 구원하심의 목적은 이미 ㈜죄로 죽은 사람이 회개를 통해 죄사함을 받고, 믿음의 고백을 통해 영원한 생명을 회복하여 온전한 열매 맺는 생활을 유지하게 하는 것입니다. 다시 말하면 하나님은 사람이 죄의 뿌리인 음란, 부정, 사욕, 악한 욕망과 탐욕을 끊어내고, 사랑의 뿌리인 긍휼, 자비, 겸손, 온유와 인내를 회복하여 사랑의 열매를 맺으며 살기를 원하십니다. 그리고 생명구원을 받은 사람이 끝까지 견디어 믿음의 승리를 이루기 원하십니다. 그러기 위해서는 생활 속에서 성령의 은사를 사용하여 사랑의 열매를 뚜렷하게 맺어야 합니다. 그러므로 회개 후 죄사함을 받고 영원한 생명복음을 받아들인 그리스도인은 사랑의 뿌리를 깊이 내려 생활 속에서 성령의 열매를 생산하는 **생활신앙인**(민 14:8-9)이 되어야 합니다. 이것이 구원받은 온전한 그리스도인의 특징입니다.

원죄를 회개하고 용서받으면 마귀(세력)와의 관계가 청산되고, **단절되었던 하나님과 관계가 다시 시작됩니다.** 원죄의 사함the forgiveness of original sin이 없으면 하나님과의 관계는 시작조차 되지 않은 상태입니다. 영이신 하나님께서는 영은 여전히 죽어 있고, 혼과 육체만 살아 있는 사람과 교제하시지 않습니다. 왜냐하면 영이신 하나님은 사람의 혼soul과는 교제하기를 원하지 않기 때문입니다. 이것은 지금까지 계속해서 강조해온 사실입니다. 영이신 삼위일체 하나님은 사람의 혼soul과 육body이 순종한 그 사람의 영spirit과 교제하시길 원하십니다.

자범죄의 깊은 회개는 회개에 합당한 열매를 맺는 것과 밀접한 관계가 있습니다. 만약 자범죄를 철저히 회개하지 않으면 회개에 합당한 사랑의 열매를 맺을 수 없습니다. 그러므로 사람이 온전한 구원이 시작된 후, 깊은 회개를 통해 자범죄를 용서받으면 삼위일체 하나님의 능력이 그 마음과 육체에 채워져서 사랑의 열매를 맺을 수 있습니다. 자범죄와 허물을 깊이 회개하는 것을 **통회**contrition라고 합니다.

3. 사망에 이르지 않는 죄와 사망에 이르는 죄

누구든지 형제가 사망에 이르지 아니하는 죄 범하는 것을 보거든 구하라 그리하면 사망에 이르지 아니하는 범죄자들을 위하여 그에게 생명을 주시리라 사망에 이르는 죄가 있으니 이에 관하여 나는 구하라 하지 않노라 17 모든 불의가 죄로되 사망에 이르지 아니하는 죄도 있도다 (요일 5:16-17)

(1) 사망에 이르지 않는 죄

하나님과의 관계는 단절되거나 끊어지지 않았지만 예배를 소홀히 하며 하나님 나라를 세워가는 일에 관심을 잃고 세상을 살아내느라 생활이 분주하고 영적 감각이 둔해져 영적 분별력을 발휘하지 못하는 사람들의 행동이 여기에 속합니다. 이런 사람들은 당연히 영적 전쟁에 소홀합니다. **사망에 이르지 아니하는 죄**는 '아직 죽음을 향하지 않은 죄 (헬라어성경참조)로 표현하기도 합니다. 이들은 하나님 나라를 향해 가면서 아직은 세상으로 돌아서지 않은 상태이며, 회심 후 회개가 무뎌지고 약해져 삼위일체 하나님을 두려워하지 않고 거리낌 없이 그릇된 행동을 저지릅니다. 또한 영적 기준을 잃어 자신의 죄를 정확히 발견하지 못하고 죄를 죄로 분별하지 못하지만, 늘 정신 차리고 교회 공동체로 돌아가려는 마음을 버리지도 않습니다.

의도적이거나 의식적으로 죄를 짓는 것은 아니지만, 이런 사람들은 영분별력이 약하여 하나님의 사역과 반대방향으로 쉽게 달려갑니다. 자신의 죄를 면밀히 감지하지 못하기에 죄로부터 쉽게 벗어나지 못하는 이 상태의 죄를 **자범죄**self-committed sin or transgression라고 말합니다. 일부 하나님과의 관계를 무너뜨리는 **허물**trespass or fault도 여기에 속합니다. 사람과의 관계 가운데 잘못된 행동으로 인해 하나님의 거룩한 이름이 더럽혀지고 외면당하게 하는 허물도 여기에 속합니다.

흔한 예로, 예배를 가볍게 여겨 정성을 드리지 않는 죄, 내게 주어진 시간, 물질, 생명을 내 맘대로 사용하며 하나님께 구별하여 드리지 않은 죄, 하나님을 알되 하나님을 기쁘게 해 드리지 않은 죄, 하나님께 감사가 멈춘 죄, 그 생각에 감동을 잃어 불평, 불만, 비판, 논리 판단이 앞서는 죄, 교만한 죄, 영적으로 비만하여 설교나 성경공부를 '마음의 체'sieve of mind에 스스로 편파적으로 거르는 죄, 영적으로 가난하여 은혜를 담지 못하는 죄, 영적으로 무지하여 옛것 혹은 과거의 경험과 함몰된 지식과 논리로 성경을 판단하는 죄, 영적으로 게을러 하나님을 향한 헌신과 섬김을 미루는 죄, 율법을 잣대로 판단하는 죄, 가정공동체, 교회공동체를 허무는 죄가 아직 죽음에 향하지 않은 죄에 속합니다.

> 하나님의 진노가 불의로 진리를 막는 사람들의 모든 경건하지 않음과 불의에 대하여 하늘로부터 나타나나니 19 이는 하나님을 알 만한 것이 그들 속에 보임이라 하나님께서 이를 그들에게 보이셨느니라 20 창세로부터 그의 보이지 아니하는 것들 곧 그의 영원하신 능력과 신성이 그가 만드신 만물에 분명히 보여 알려졌나니 그러므로 그들이 핑계하지 못할지니라 21 하나님을 알되 하나님을 영화롭게도 아니하며 감사하지도 아니하고 오히려 그 생각이 허망하여지며 미련한 마음이 어두워졌나니 22 스스로 지혜 있다 하나 어리석게 되어 23 썩어지지 아니하는 하나님의 영광을 썩어질 사람과 새와 짐승과 기어다니는 동물 모양의 우상으로 바꾸었느니라(롬 1:18-23)

삼위일체 하나님은 천국복음을 가진 사람에게 사망에 이르지 않는 죄에 빠져 있는 사람, '그런 사람은 빨리 구해내라'고 명령하십니다. 이 아래 구절들(요일 5:16; 눅 11:9, 13)은 헬라어 αἰτέω의 같은 어근을 사용합니다. 복음의 사람은 죽음을 향하지 않은 죄를 가진 사람을 발견하면 성령 하나님께 성령감동 혹은 성령세례를 그 사람에게 선물로 주시길 간곡히 요청해야 합니다. **복음의 사람**은 그 사람을 삼위일체 하나님과 다시금 관계를 개선시키고 영원한 생명을 회복시켜 반드시 '구해내야' 합니다. 이런 사람이 발견되면 믿음의 사람은 성령 하나님의 직접적인 감동의 터치를 절실히 요청하며 적극성을 띠고 한 사람이라도 더 찾아 절박한 심정으로 그런 사람을 악으로부터 건져내야 합니다.

> 누구든지 형제가 사망에 이르지 아니하는 죄 범하는 것을 보거든 구하라
> (요일 5:16a)

> 내가 또 너희에게 이르노니 구하라 그러면 너희에게 주실 것이요 찾으라 그러면 찾아낼 것이요 문을 두드리라 그러면 너희에게 열릴 것이니 10 구하는 이마다 받을 것이요 찾는 이는 찾아낼 것이요 두드리는 이에게는 열릴 것이니라 11 너희 중에 아버지 된 자로서 누가 아들이 생선을 달라 하는데 생선 대신에 뱀을 주며 12 알을 달라 하는데 전갈을 주겠느냐 13 너희가 악할지라도 좋은 것을 자식에게 줄 줄 알거든 하물며 너희 하늘 아버지께서 구하는 자에게 성령을 주시지 않겠느냐 하시니라 (눅 11:9-13)

(2) 사망에 이르는 죄

하나님과의 관계가 완전히 단절되어 삼위일체 하나님을 모르거나 인정하지 않는 죄입니다. 창조주 하나님의 위대한 사역을 과소평가하

거나 무시하고 진화론을 주장하거나 구원받았다가 타락해서 삼위일체 하나님의 사역에서 멀어져 배교한 사람들의 그 행위를 말합니다.

이런 사람들은 마귀와 그 세력에 절대적인 지배를 받습니다. 논리, 법률, 학문과 수리적인 판단으로 하나님의 영적인 권위에 도전하고 대적합니다. 창조주 하나님의 사역을 단호히 부정합니다. 사망에 이르는 죄를 '죽음을 향한 죄(헬라어성경참조)'로 표현하기도 합니다.

이런 사람들은 의도적이거나 의식적으로 삼위일체 하나님을 부인합니다. 그리고 하나님의 사람들을 노골적으로 핍박합니다. 마귀 세력에 휘둘려 악한 영을 초청하고 불러 허망한 말과 행동을 저지릅니다. 우상을 만들어 절하며 온 정성을 다해 우상을 섬깁니다. 하나님의 창조질서를 파괴하고 정욕대로 살며 죄를 낳아 사망에 이르게 됩니다(약 1:15). 이것을 **원죄**原罪라고 합니다.

예를 들면, 적극적인 우상 숭배자는 사망에 이르는 죄를 범한 것입니다. 핍박을 견디지 못하고 배교falling away하여 교회공동체를 파탄에 빠지게 한 사람은 이 죄를 범한 것입니다. 초대교회 안에서 배교가 그리스도인들 사이에 적지 않게 일어났습니다(히 6:4-6).

양심에 화인을 맞아 미혹한 영과 귀신의 가르침을 따르는 자는 사망에 이르는 죄에 빠져 끝내 배교하고 맙니다(딤전 4:1-2). 하나님의 아들이 그리스도 되심을 직접 부인하거나(벧후 2:1) 성령 하나님의 사역을 적극적으로 훼방하고 무시하는 '성령훼방죄 혹은 성령모독죄', 이단에 현혹되어 시한부 종말론을 가르치고 천국복음을 왜곡하여 가르치거나 헤쳐 풀어 놓는 사람의 죄, 논리교리로 유혹하여 생명을 지옥으로 끌고 가는 거짓 선지자, 거짓 예언자, 거짓 예수로 활동하는 자의 죄는 사망에 이르는 죄에 속한 사람들입니다(히 10:26-31).

> 모든 불의가 죄로되 사망에 이르지 아니하는 죄도 있도다(요일 5:17)

그럼에도 불구하고 어렵고 힘든 핍박과 유혹이 있어도 죄를 회개하고 우상을 끊어낸 후 다시 하나님의 복음을 받아들인 사람은 구원받습니다. 어떤 죄에 속해 있었더라도 누구든지 그 (원)죄를 회개하고 소멸시킨 후 하나님의 아들 예수를 구세주로, 주인으로 믿으면 하나님 나라를 유업으로 상속받습니다.

> 또 아는 것은 하나님의 아들이 이르러 우리에게 지각을 주사 우리로 참된 자를 알게 하신 것과 또한 우리가 참된 자 곧 그의 아들 예수 그리스도 안에 있는 것이니 그는 참 하나님이시요 영생이시라 21 자녀들아 너희 자신을 지켜 우상에게서 멀리하라(요일 5:20-21)

4. 회개repentance가 능력power이다

회개는 삼위일체 하나님과의 교제를 회복하고 유지하는 구원 salvation의 아주 큰 단초가 됩니다. 회개를 통해 피조물인 사람은 창조주 하나님의 사역을 발견하고 인정하게 됩니다. 또 성령 하나님의 감동이 늘 머무는 신앙생활을 유지하는 방법은 회개를 늦추지 않는 것입니다. 거룩하고 감동 있는 온전한 회개는 자신을 돌아보아 자기를 더 내려놓고 자신에게 주어진 십자가를 불평 없이 스스로 짊어지게 돕습니다(마 16:24; 막 8:34). 더 나아가 회개는 능력 있고 풍성한 생활의 열매를 맺는 생활신앙인으로 성장하고 성숙하게 만듭니다. 일반적으로 회개repentance는 깊이에 따라 세 영역으로 분류됩니다.

회심conversion

하나님과의 관계가 완전히 끊어져 창조주 하나님을 제대로 알지도 못하고 바르게 인정하지도 않은 채 사망으로 치우쳐 달려가던 피조물인 사람이 성령의 감동으로 삼위일체 하나님의 주권을 인정하고 원죄original sin를 뉘우쳐 끊어낸 기도입니다. 하나님과의 관계를 온전히 회복한 구원의 시작점이 분명히 발견된 영적 상태입니다. 회심은 하나님과의 첫사랑을 시작한 시작점starting point 혹은 '시작시기when to start'와 일치합니다. 회심한 사람은 세상 중심의 죽음의 길에서 180도 돌아서서 하나님 나라 중심의 생명의 길로 돌아선 상태입니다. 회심의 시기는 마치 어린 아기가 어머니의 뱃속에서 세상으로 나와 '자가 호흡'self-breathing이 시작된 영적 상태이기에 스스로 숨을 쉴 수 있으나 독립적인 생활이 어렵습니다. 그래서 아직은 주변의 영적 도움을 받아들여야 합니다(행 9:1-19).

고회attrition 告悔 또는 회개repentance 悔改

삼위일체 하나님과 하나님 나라에 대한 죄를 고백하여 죄사함받고, 복음을 받아들여 구원을 확인한 이후에도 날마다 자범죄와 허물을 발견하여 뉘우치고 고백함으로 죄씻음을 받아야 합니다. 고회(일반적으로 회개를 지칭)의 시기는 죄사함을 받고 확실히 구원받은 사람의 기도입니다. 그러나 육체 안에 있는 죄의 뿌리를 온전히 제거하지 못하여 주변과의 갈등, 의심, 두려움이 가슴 속에 뚜렷하게 혹은 희미하게 남아 있는 상태입니다. **고회**(일반적인 회개)는 하나님의 음성을 들을 수 있는 귀는 아직 활짝 열리지 않고 의지적인 믿음의 부르짖음에 익숙해져 있는 영적 상태의 기도입니다. 회개에 합당한 열매를 작게, 혹은 큼직하게 맺습니다. 그러나 그 열매가 온전히 익지 않아 때로 언행의 불일치로 스스로 혹은 주변인들과 믿음의 갈등이 유발되기도 합니다. 이것을 '죄씻음의 회개' 혹은 '불완전한 통회'라고 말합니다. 이것은 육적 혹은 혼적 그리스도인의 회개입니다. 이 단계에서는 성령 감동 혹은 성령 세례 가운데 말씀을 읽고 성경공부를 통해 얻은 영적 마중물을 사용하여 은혜를 퍼 올려 사용할 수 있습니다.

통회|痛悔 contrition

하나님께 대하여 매일 매일 자범죄를 용서받으면서 구원의 기쁨은 깊어지고 믿음의 그릇은 깨끗하게 닦이면서 확장되는 기도입니다. 자신 가운데 더 깊이 자리잡고 있던 자범죄와 허물을 성령의 도우심으로 찾아 녹여내는 회개의 기도입니다. 이것은 말씀묵상을 통해 주신 레마(지금 나에게 주시는 말씀)가 성령의 기름부으심을 통해 죄를 녹여 긁어내는 것을 말합니다. 엄격히 말해 '통회'란 '**하는 것**doing anything'이 아니라 '**되어지는 것**getting performed by the Holy Spirit'입니다. 통회를 한 후에는 깨끗해진 영혼과 몸에 성령 하나님의 능력을 채우게 됩니다.

드디어 하나님의 음성이 말씀과 은사를 통해 들리는 시기입니다. 성령 충만 혹은 성령 기름부으심 속에서 회개에 합당한 열매, 즉 사랑의 열매가 작든지 크든지 온전하게 맺기 시작하는 단계의 기도입니다. 이 단계의 기도가 깊어지면 온전한 회개의 열매를 맺어 말과 행실에 조화를 이루는 **성숙한 생활신앙인**이 됩니다. 통회기도는 영적 우물을 퍼올리는 기도이기에 언제나 영적 파워가 유지됩니다. 이 단계의 기도는 성령 기름부으심이 깊어지면서 큰 사역을 감당(마 28:19-20)하게 됩니다. 그리고 진정한 영적 그리스도인으로 살아가게 만듭니다(시 51:1-19).

| 8장 |

생활구원을 이루라

1. 생활구원을 반드시 이루라

피조물인 사람은 성령 하나님의 감동으로 아버지 하나님께 지은 죄를 고백하고 용서를 받아야 합니다. 그런 후, 아들 하나님 예수 그리스도를 생명의 주인으로 모실 때 온전한 구원이 시작됩니다. 또한 같은 시기에 하나님 나라를 상속받게 됩니다. 우리는 이 상태를 '믿음으로 구원을 받았다'라고 말합니다. 교회공동체는 '믿음구원'의 교리를 선포하고 가르칩니다. 성도의 완전한 구원은 믿음으로만 가능합니다. 그렇지만 교회공동체는 올바른 구원의 결과까지도 책임져야 합니다.

육적 그리스도인의 실태

우리 주변을 돌아볼 때 죄용서를 받고 분명히 예수 복음을 고백하여 온전한 구원이 시작되었지만 생활 가운데 사랑의 열매가 없는 육적인 그리스도인Carnal Christian이 너무 많습니다. 이런 사람은 겉모습에서 아버지 하나님에 대해 죄사함을 받고, 마음은 생명복음에 집중되어 살아가는 것으로 보입니다. 그러나 아직 청산되지 않은 죄의 뿌리의 영향으로 인해 자범죄와 허물이 쉽게 드러납니다. 그럴 때마다 그는 신앙적인 민감한 반응을 보이며 회개도 곧잘 합니다. 그런데 그들의 육체 속에는 여전히 마귀 세력으로부터 지배당했을 때의 습성이 남아 있습니다. 그들은 죄로부터 해방된 기쁨은 간직하고 있으면서도, 무의식적이든 혹은 의식적이든 자범죄를 말끔히 저지하지 못하고 그 결과로 나타나는 모든 허물에 그의 거룩한 생활은 발목을 잡히고 맙니다.

이러한 현상을 사도 바울은 이렇게 말하고 있습니다.

내 속 곧 내 육신에 선한 것이 거하지 아니하는 줄을 아노니 원함은 내게 있으나 선을 행하는 것은 없노라 19 내가 원하는 바 선은 행하지 아니하고 도리어 원하지 아니하는 바 악을 행하는도다 20 만일 내가 원하지 아니하는 그것을 하면 이를 행하는 자는 내가 아니요 내 속에 거하는 죄니라 21 그러므로 내가 한 법을 깨달았노니 곧 선을 행하기 원하는 나에게 악이 함께 있는 것이로다 22 내 속사람으로는 하나님의 법을 즐거워하되 23 내 지체 속에서 한 다른 법이 내 마음의 법과 싸워 내 지체 속에 있는 죄의 법으로 나를 사로잡는 것을 보는도다 24 오호라 나는 곤고한 사람이로다 이 사망의 몸에서 누가 나를 건져내랴 25 우리 주 예수 그리스도로 말미암아 하나님께 감사하리로다 그런즉 내 자신이 마음으로는 하나

님의 법을 육신으로는 죄의 법을 섬기노라(롬 7:18-25)

사도 바울은 지금 하나님과 관계가 회복되고 믿음으로 생명구원을 회복 받은 그리스도인의 삶을 말하고 있습니다. 사도 바울은 온전한 구원이 시작된 이후에도 세상에 길들여진 육체의 악한 모습이 자신 안에서 수시로 발견되는 것을 보았습니다. 그래서 생명구원을 받은 이후에도 청산되지 않은 바울 자신의 죄악된 행동을 안타까워한 것입니다. 사도 바울의 믿음이 우리보다 부족해서 이런 어려움을 겪고 있습니까? 분명 그렇지 않습니다.

사도 바울도 온전히 구원받은 확신이 있지만 여전히 드러나는 마귀 세력에게 길들여진 육체의 악한 행동의 습성 때문에 고민합니다. 그러므로 우리는 인내와 절제로 생활 속에서 성령의 열매(갈 5:22-24)로 그 육체와 함께 그 정욕과 탐심을 십자가에 못 박으며 구원을 성장시키고, 성숙시켜 생활구원까지 이루어내야 합니다.

분명 교회공동체의 온전한 구원은 죄사함을 받은 후, 예수 복음을 믿는 믿음고백으로 시작됩니다. 어떤 이유에서든 행위로는 온전한 구원이 시작되지 않습니다. 그러나 믿음고백을 통해 시작된 생명구원이 온전하게 성장하고 성숙하려면 생활구원도 이루어내야 합니다.

한 번 회개하고 믿음으로 구원받은 사람은 안전하다?

죄 용서를 받아 하나님과의 관계가 회복되고 (예수)생명복음을 믿어 구원받았다는 것은 어린 아기가 엄마의 뱃속에서 잉태되었다가 세상으로 나온 것과 같습니다. 어린 아기는 세상에 나와 '자가 호흡self-breathing'이 시작되었지만, 엄마나 주변의 도움 없이는 당분간 혼자서 독립적으로 살아갈 수 없습니다. 어린 아기는 혼자 음식을 먹을 수 없습니다. 또 혼자 옷을 입을 수도 없습니다. 무엇하나 혼자 감당할 수 있는 것이 없습니다. 그래서 그 어린 아기는 독립하거나 자립하기 전까지 생명을 보호받고 사랑을 나누고 지켜 줄 보호자guardian가 필요합니다.

성장하는 아기만 독립할 수 있다.

어린 아기가 육체적으로 성장하여 독립할 청년의 나이가 되었습니다. 그런데 육체적으로는 다 성장해서 독립할 시기가 되었는데, 대화를 나누지도 못하고, 밥도 혼자 먹지 못합니다. 그는 아직도 기어다니면서 울기만 하고 제대로 글씨도 읽지 못합니다. 그는 때로 물인지 불인지 분간하지 못합니다. 그가 혼자서 생산적인 일을 수행할 수 없는 상황에 봉착했다면 어찌해야 합니까?

어느 날 신체적으로는 다 성장하였는데 아직도 혼자 독립할 수 없는 사람이 갑자기 보호자를 잃었다면 그의 나머지 인생은 어떻게 될까요? 그 사람은 얼마 못 되어 길을 잃고 먹지 못하여 큰 어려움을 겪을 것입니다. 혹시 일시적으로 다른 보호자를 만나도 그 보호자마저 잃게 되면 결국 그 사람은 죽고 맙니다.

육적인 그리스도인들이 하나님의 복음 즉 죄사함과 거듭남의 비밀을 받아들여 태어난 신앙인이 되었어도, 성장하지 않으면 태어나기 이전의 상태 곧 죽음으로 돌아가게 됩니다. 어떤 사람은 극한 상황을 실례로 들었다고 비난할 수도 있겠으나 그럴수록 현실을 바로 보셔야 합니다. 하나님께 대한 (원)죄의 용서를 받고 생명복음을 믿어 구원받은 후 성령 어노인팅까지 받은 사울 왕 같은 사람도 그 믿음을 바로 지키지 못해서 다시 죄인의 상태로 돌아간 예를 성경에서 발견하게 됩니다.

구약성경의 사울 왕은 하나님께서 선지자 사무엘을 통하여 말씀하신 대로 구원의 약속과 성령 어노인팅Anointing of the Holy Spirit을 받은 사람입니다.

네게는 여호와의 영이 크게 임하리니 너도 그들과 함께 예언을 하고 변하여 새 사람이 되리라 7 이 징조가 네게 임하거든 너는 기회를 따라 행하라 하나님이 너와 함께 하시느니라 8 너는 나보다 앞서 길갈로 내려가라 내가 네게로 내려가서 번제와 화목제를 드리리니 내가 네게 가서 네가 행할 것을 가르칠 때까지 칠 일 동안 기다리라 9 그가 사무엘에게서 떠나려고 몸을 돌이킬 때에 하나님이 새 마음을 주셨고 그 날 그 징조도 다 응하니라(삼상 10:6-9)

그런데 사울 왕은 하나님 앞에서 불순종하여 하나님과의 관계를 소홀히 여기는 자범죄를 저질렀습니다. 하나님은 약속을 끝까지 신뢰하고 순종하는 믿음을 가진 사울 왕을 원하셨는데, 그는 세상의 방법으로 계수된 큰 숫자의 두려움을 느낀 나머지 하나님의 허락도 없이 제사를 스스로 급하게 드렸습니다. 제사를 드린 것이 잘못된 것이 아니라 불순종한 것이 죄가 되었습니다. 하나님께서 약속하신 것을 기다리지 못하고 스스로 하나님의 일을 판단하고 기도하여 묻지도 않은 채, 자기 의지대로 결정하여 행동했습니다. 이것이 '(자범)죄self-committed sin'입니다. 하나님을 끝까지 신뢰하지 못하고 사무엘이 언급한 시간까지 인내하지 못한 채 스스로 제사장이 되어 제사를 드려 세상에 대한 두려움을 빨리 제거해 보려 했습니다.

하나님은 행위보다 의도를 더 중요하게 여기십니다. 하나님은 순종을 제사보다 더 좋아하십니다. 하나님의 명령을 가볍게 여기므로 하나님께 기쁨과 감사로 예배를 드리지 않고, 자기 만족과 자기 위로를 얻기 위해 예배를 드리는 것이 죄입니다. 이것은 엄격히 말해 '성령훼방죄'입니다. 사울 왕은 자범죄를 넘어 성령훼방죄를 저질렀습니다(삼상 13:13-14). 그는 하나님을 먼저 생각하는 척했지만, 결국은 자신을 위해서 하나님께서 허락하시지 않은 물건을 탈취하기에 급급했습니다. 그래서 그는 하나님께 버림을 받습니다(삼상 15:17-23). 사울은 보이지 않는 하나님을 두려워하기보다는 보이는 사람의 눈을 먼저 의식했습니다. 그래서 하나님의 말씀을 가까이하고 두려워하기보다는 사람의 말을 더 가까이하고 두려워했습니다(삼상 15:24).

질투가 마귀 세력을 불러들인다.

사울 왕은 다윗이 블레셋과의 전투에서 승리하고 돌아올 때 사람들이 다윗을 칭찬하는 소리를 듣습니다. 결국 다윗의 승리는 왕인 사울의 승리임을 모르지는 않았을 것입니다. 그런데 사울은 더 큰 승리에서 기쁨을 찾기보다는 다윗을 칭송하는 사람들의 말을 더 가까이하여 듣고 질투의 눈을 가지기 시작했습니다. 그래서 악한 영이 그를 지배하도록 마음을 열어주고 말았습니다(삼상 18:6-11). 사울은 온전한 구원을 받고 성령 어노인팅까지 받았으나, 자신의 믿음을 끝까지 지키지 못했습니다.

신약성경의 사도행전에 등장하는 초대교회 신실한 지도자이며 구원 받았던 아나니아와 삽비라도 성령훼방죄를 저질렀습니다. 선교와 구제를 위해 자기 소유를 팔아 구별열매로 드려야 할 온전한 예물을 얼마는 자신을 위해 감추고 나머지만 잉여열매로 예물을 드렸습니다. 그리고 하나님을 두려워하지도 않고 사도들을 속인 죄로 인해 두 사람 모두 즉시 죽는 결과를 낳았습니다(행 5:1-11). 또 구원받았던 사역자 데마도 사도 바울과 선교여행을 하면서 열심히 복음을 전하며 수고하다가 세상에 대한 미련을 버리지 못하여 다시 세상의 생업으로 돌아갔습니다(골 4:14; 딤후 4:10). 그들은 온전한 구원이 시작되었던 믿음의 사람들이었으나 그 구원을 끝까지 지키지 못하고 믿음을 놓쳐 성령 훼방죄를 저지른 사람들이 되었습니다.

생명구원을 받고 신앙생활을 잘 유지하던 사람들도 믿음을 내던져 버리는 경우가 종종 발생합니다. 그 이유가 무엇일까요?

2. 믿음, 성장하지 않으면 죽는다.

갓난아기의 첫 울음first crying은 생명을 확인한 기쁨입니다. 아기의 그 울음은 관련된 모든 사람에게 기쁨을 줍니다. 아빠도 기뻐합니다. 엄마도 기뻐합니다. 할머니도 기뻐합니다. 형제들도 기뻐합니다. 주변의 이웃도 축복합니다. 그러나 그 이후로 우는 울음은 자신의 처지를 알리거나, 배가 고프거나, 신체활동을 알려서 모든 것을 해결하려는 보호요청의 표현입니다.

(원)죄를 용서받고 예수를 그리스도로 믿어 생명이 회복되면 그다음부터 자신의 처지와 상황을 하나님께 알려 드려야 합니다. 물론 전지전능한 하나님께서는 사람의 세밀한 부분까지 알고 계십니다. 그럼에도 불구하고 삼위일체 하나님은 성장한 그리스도인이 스스로 그분께 도움을 요청하기를 기다리고 계십니다. 인류의 대표로 지음받은 아담과 하와의 자유의지가 그의 감정과 지성의 유혹에 넘어가 하나님께 불순종했습니다. 그래서 죄가 이 땅에 들어온 것입니다. 그럼에도 불

구하고 하나님은 우리의 자유의지를 존중하십니다. 그리고 아담과 하와가 실수할 때 큰 몫을 담당했던 우리의 자유의지를 오히려 구원의 촉매 역할로 사용하십니다.

죄는 세상을 향하여 회귀본능이 강하다

그리스도 예수 안에서 생명 회복된 믿음은 성장해야 합니다. 생명구원을 받은 사람은 하나님과의 관계가 회복되면서 하나님을 알게 되고 하나님의 사랑을 공급받습니다. 그런데도 사람은 여전히 육체를 가지고 사는 존재입니다. 그의 마음은 마귀 세력에게 한 번 내주었던 경험이 있기에 마귀세력이 찾아와서 유혹하면 수십 번 거절합니다. 그러다가 그는 죄악의 습성이 남아 있는 육체의 생각과 정욕에 곧잘 굴복합니다. 그리고 자범죄와 허물을 다시 생산합니다. 세상적인 노여움, 격분, 사악, 훼방, 그리고 입에 담기 더러운 말을 떨쳐버리지 못하고 마귀 세력의 유혹과 억압, 이간을 뿌리치지 못합니다. 그는 죄의 뿌리equivalent sin를 완전히 제거하지 못하고 지내다가 순간 우상Idol을 섬기며, 살인, 도둑질, 훼방, 음행, 불의, 욕정, 탐심에 중독 증상까지 보입니다. 그러다 나중에는 자신을 부끄러움에 내어줍니다. 끝내 그는 죄를 짓고 맙니다. 분명 생명구원을 받았음에도 믿음이 성장하지 못한 사람은 하나님을 모르던 상태로 회귀하는 정말 어처구니없는 신앙의 추태를 보이곤 합니다. 그는 분명 믿음고백으로 그리스도인이 되었던 사람입니다. 그리고 그 상태라면 확실히 생명구원을 받은 사람입니다.

그런데 그들의 믿음이 성장하지 않으면서 어느 순간 영적 감동이 멈추고 믿음은 딱딱해진 상태가 되어 늘 불안하고 흔들립니다. 그는 감동이 멈춘 상태에서 신앙생활을 의무감으로 지속합니다. 마귀 세력을 내쫓고 세상에 대하여 청소해 둔 그의 마음은 세상 먼지로 조금씩 다시 쌓입니다. 그러다 그는 흔들리던 마음에 더 큰 마귀 세력을 불러들여 타락하고 맙니다. 그러면 영spirit이 마음soul에 주도권을 빼앗기고 마비되었던 원죄상태의 옛 모습으로 돌아갑니다.

성장 없는 생명은 죽은 것과 같습니다. 숨은 쉬고 있으나 의식이 없으면 뇌사상태입니다. 죄 용서를 받고 생명구원의 확신을 가진 사람은 계속해서 생명의 열매를 맺어야 합니다. 그리고 생활 속에서도 구원의 열매를 키워나가야 합니다.

> 그러므로 나의 사랑하는 자들아 너희가 나 있을 때뿐 아니라 더욱 지금 나 없을 때에도 항상 복종하여 두렵고 떨림으로 너희 구원을 이루라(빌 2:12)

지금 영적 성장을 결단해야 합니다. 영적 뇌사상태에서도 다시 살아

날 수 있습니다. 신앙생활은 건전하고 거룩한 습관 따라 생활신앙 곧

생활구원으로 발전시켜 나가야 합니다.

3. 우상을 멀리하라

하나님께로부터 난 자는 다 범죄하지 아니하는 줄을 우리가 아노라 하나님께로부터 나신 자가 그를 지키시매 악한 자가 그를 만지지도 못하느니라 19 또 아는 것은 우리는 하나님께 속하고 온 세상은 악한 자 안에 처한 것이며 20 또 아는 것은 하나님의 아들이 이르러 우리에게 지각을 주사 우리로 참된 자를 알게 하신 것과 또한 우리가 참된 자 곧 그의 아들 예수 그리스도 안에 있는 것이니 그는 참 하나님이시요 영생이시라 21 자녀들아 너희 자신을 지켜 우상에서 멀리하라(요일 5:18-21)

온전한 생명구원을 받고 성장하던 그리스도인이 타락하면서 짝퉁 그리스도인이 되어 하나님의 이름의 능력을 잘못 사용하는 경우 성령훼방죄를 범하게 됩니다. 이런 사람은 그 누구의 충고나 도움을 받아들이지 않습니다. 그는 오직 자신의 명예나 편안함을 위해 예수님의 이름을 사용합니다. 은사는 멈추고, 능력도 소멸되었는데도, 그것을 인정하지 않고 습관적인 행동을 통해 신앙 생활합니다. 이런 사람은 자기 자신이 우상이 되어 살아갑니다. 그는 음란, 부정, 사욕, 악한 정욕과 탐심 같은 죄의 뿌리를 제거하지 못하고 사역하다가 결국 마귀에게 쉽게 굴복하고 맙니다. 성경은 이것을 우상숭배라고 가르치고 있음을 다시 한번 기억하기를 바랍니다.

이런 사람은 경건의 모양은 있으나 경건의 능력이 나타나지 않습니다. 성령훼방죄란 이런 것입니다. 이런 사람은 돌이켜 하나님께 다시 나오는 가능성이 매우 희박합니다. 마치 마귀가 하나님께로 돌아설 수 없는 것과 같은 확률입니다. 그렇지만 하나님은 이러한 사람도 하나님은 끝까지 포기하지 않으십니다. 다만 자신이 끝내 모르거나 알아차려도 돌이키지 못하는 경우입니다. 이런 사람을 일컬어 **구원받았으나 사망에 이르는 죄를 저지른 사람**이라고 합니다.

그러나 죄는 분명한데 하나님을 몰라서 범하는 죄, 즉 하나님과 관계회복이 이루어지지 않은 상태에서 자기 우상에 빠지고, 하나님 외에 다른 신상을 섬기면서, 그로 인해 타락한 생활을 지속하는 사람이라면 회개하고 예수를 그리스도로 영접하면 구원받습니다. 또 하나님과의 관계가 회복된 상태에서 하나님과의 관계를 가볍게 여기거나, 우상을 섬기는 등 하나님을 절대적으로 신뢰하지 않고, 상대적으로 신뢰하는 사람, 즉 미신에서 벗어나지 못하는 사람도 삼위일체 하나님만 절대적으로 신뢰하고 우상숭배를 멀리하면 원죄 혹은 자범죄를 용서받습니다. 하나님은 죄를 깨달아 진심으로 돌아오는 모든 사람을 결코 외면하지 않습니다.

4. 영적 성장 비타민을 먹으라.

육적인 그리스도인이 영적인 그리스도인으로 성장하려면 영적 성장 비타민을 먹어야 합니다.

[비타민 1] 매일 (자범)죄 사함과 거듭남의 기쁨을 계속 확인 하십시오.

> 내 죄 사함 받고서 예수를 안 뒤 나의 모든 것 다 변했네
> 지금 내가 가는 길 천국 길이요 주의 피로 내 죄를 씻었네
>
> 주님 나의 빛 되사 어둠 헤치고 나의 모든 것 다 변했네
> 지금 내가 주 앞에 온전케 됨은 주의 공로를 의지함일세
>
> 내게 성령 임하고 그 크신 사랑 나의 맘에 가득 채우네

모든 공포 내게서 물리치시니 내 맘 항상 주 안에 있도다

후렴
나의 모든 것 변하고 그 피로 구속받았네
하나님은 나의 구원되시오니 내게 정죄함 없겠네

(찬송가 210장)

하나님과의 교제가 회복되어 에덴동산으로 다시 돌아온 기쁨을 만끽하십시오.

진정한 사랑을 알고 잉태하게 되었습니다. 이제는 사랑의 열매를 맺어 영적 출산의 기쁨을 맛볼 차례입니다. 사랑은 모든 두려움을 물리칩니다. 그러므로 생활 속에서 해결하지 못한 근심, 걱정과 염려, 공포 등을 예수 그리스도께 맡기십시오. 매 순간 간단히 기도를 드리십시오. 어색한 어조라도 좋습니다. 짧은 몇 단어의 기도라도 하나님은 흡족해하십니다. 마치 어린 아기가 "마마, 빠빠, 맘마"라고 얘기만 해도 그 아기의 엄마나 아빠는 "엄마가 제일 좋아, 아빠가 최고야, 맛있는 것 주셔서 고맙습니다."라고 알아듣고 행복을 감추지 못하는 그 아기 엄마나 아빠처럼, 하나님도 당신의 몇 마디 기도에 눈물을 머금고 행복해 하실 것입니다.

"그렇죠, 아빠 하나님!"

매일 (자범)죄 사함받은 기쁨을 맛보고 사는 그리스도인은 사랑의 열매를 잉태하고 출산하는 그리스도인으로 성장할 수 있습니다.

우리가 우리에게 죄 지은 자를 사하여 준 것 같이 우리 죄를 사하여 주시옵고(마 6:12)

사람들은 자신에게 허물을 보인 사람들에 대하여 쉽게 용서를 베풀지 못합니다. 그러면서도 자신이 다른 사람에게 저지른 허물과 죄악은 쉽게 잊히기 원하고 용서받기를 소원합니다. 예수 그리스도는 이러한 사람들의 생각을 주기도문을 통해 확실히 전환해 놓으셨습니다.

"너희들이 너희에게 허물을 보인 사람들을 용서한 만큼, 하늘 아버지께 용서받기를 간구하라"

이것의 참 의미는 무엇입니까? 결국 당신이 매일 매일 죄사함의 기쁨을 맛보기 위해서는 이웃을 당신의 몸처럼 용서하고 사랑하라는 명령입니다. 하나님의 복음을 영접하면서 마음 밭에 심은 사랑의 씨알을 하루속히 터트려 작은 사랑의 열매부터 잉태하고 출산해야 합니다. 그럴 때 당신은 그리스도인으로서 성장하는 자신의 모습을 발견하게 될 것입니다.

내가 진실로 진실로 너희에게 이르노니 한 알의 밀이 땅에 떨어져 죽지 아니하면 한 알 그대로 있고 죽으면 많은 열매를 맺느니라(요 12:24)

[비타민 2] 하나님의 말씀, 곧 신령한 젖pure spiritual milk을 사모해야 합니다.

갓난 아기들 같이 순전하고 신령한 젖을 사모하라 이는 그로 말미암아 너희로 구원에 이르도록 자라게 하려 함이라 3 너희가 주의 인자하심을 맛보았으면 그리하라(벧전 2:2-3)

생명구원 받은 사람은 하나님이 얼마나 좋은 분이신지 알고 있습니다. 마치 어린 아기가 모유의 맛을 알기 시작한 것과 같습니다. 어린 아기가 엄마의 젖을 맛보기 시작하면 다른 것을 찾지 않습니다. 잠자다 깨어서도 엄마의 젖 맛을 잊지 못하여 엄마를 찾습니다. 낮에 행복한 표정을 방긋방긋 지으며 웃다가도 엄마의 젖 맛을 그리워하여 보채고, 계속해서 그 맛보기를 울음으로 요청합니다. 어린 아기의 언어는 울음이기 때문입니다. 그것과 마찬가지로 회개 후, 죄사함과 예수 복음을 믿는 믿음고백으로 갓 태어난 어린 아기 같은 신앙인은 갓 태어난 어린 아기같이 신령한 젖, 곧 살아 계신 하나님 말씀을 사모해야 합니다.

삼위일체 하나님께서 나에게 언제, 어디서, 무엇을, 어떻게, 왜 말씀하시는지 세밀히 귀 기울여야 합니다. 하나님의 말씀을 사모하여 생활의 양식으로 섭취할 때 그 맛의 깊이를 더욱 느끼게 됩니다. 말씀을 적극적으로 순종하여 생활구원을 이루어 나갈 때 믿음이 흔들리지 않습니다. 교회공동체의 영성은 여기서 출발합니다. 신령한 젖을 사모하는 사람만이 깊은 영적 세계로 들어갈 수 있습니다. 교회공동체의 영성은 하나님의 말씀을 읽고 듣는 것으로부터 시작됩니다. 그리고 말씀을 그대로 순종할 때 깊은 영성의 사람이 됩니다.

그렇다면 신령한 젖을 사모한다는 것은 구체적으로 무엇을 의미합니까? 삼위일체 하나님과 교제하는 예배를 의미합니다. 예배는 하나님과 교제를 나누는 시간입니다. 예배를 통해서 하나님은 구원의 기쁨을 날마다 회복시키시고 새롭게 일깨워주십니다. 하나님과 교제하는 기쁨이 경건이며, 경건한 생활은 생명 얻은 기쁨을 깊이 알고 유지하는 비결입니다. 하나님의 말씀을 사모하는 사람은 하나님께 예배드리는 행위를 소홀히 여기지 않습니다. 예배자는 오직 하나님의 위대하심을 찬양하며 그분만 높이는 일에 집중해야 합니다. 찬양의 기쁨이 절정에 오른 예배자는 말씀으로 열매를 맺기 위해 다시 세상으로 나아가야 합니다. 세상에서 사는 동안 예배자는 하나님께 드리는 열매를 생산해야 합니다. 왜냐하면 우리의 진실한 예배행위는 우리 자신의 신앙열매와도 직결되기 때문입니다.

> 오호라 너희 모든 목마른 자들아 물로 나아오라 돈 없는 자도 오라 너희
> 는 와서 사 먹되 돈 없이, 값 없이 와서 포도주와 젖을 사라 2 너희가 어찌
> 하여 양식이 아닌 것을 위하여 은을 달아 주며 배부르게 하지 못할 것을
> 위하여 수고하느냐 내게 듣고 들을지어다 그리하면 너희가 좋은 것을 먹
> 을 것이며 너희 자신들이 기름진 것으로 즐거움을 얻으리라 3 너희는 귀
> 를 기울이고 내게로 나아와 들으라 그리하면 너희의 영혼이 살리라 내가
> 너희를 위하여 영원한 언약을 맺으리니 곧 다윗에게 허락한 확실한 은혜
> 이니라(사 55:1-3)

하나님과 교제를 나누는 예배 안에서 우리는 그분이 주시는 위로,
지혜, 사랑, 가르침과 때로는 경고의 메시지를 듣습니다. 신중하고 영
적인 예배를 통해 우리의 영혼은 건강해지면서 성장합니다. 그러기에
영적 예배를 통해 하나님을 섬기는 생활을 귀중하게 여기면 삼위일체
하나님은 그분의 능력을 예배자에게 선물로 주십니다. 위 말씀(1절)에
서 언급한 포도주는 예수 그리스도의 보혈을 상징합니다. 예수 그리
스도의 피는 생명을 의미합니다. 생명의 지속은 오직 그리스도의 보배
로운 피를 의지할 때만 가능합니다. 그리고 그 생명은 하나님의 사랑
의 힘으로 성장할 수 있습니다. 갓 태어난 생명은 일정 기간 성장해야
합니다. 성장이 없으면 성숙도 기대할 수 없습니다. 그러므로 예배를

통해서 영적으로 살아 있는 기쁨을 날마다 확인해서 성장할 수 있어야 합니다.

[비타민 3] 하나님의 사랑을 공급 받으라

자녀는 부모의 사랑을 먹고 자랍니다. 부모의 사랑만이 자녀의 이성과 감성과 의지를 자라게 합니다. 마찬가지로 하나님의 사랑을 받는 사람의 영은 강하고 튼실해집니다. 하나님과의 교제를 통해 하나님의 사랑을 공급받는 사람은 생활 속에서도 성장이 보입니다. 모든 성장의 증거는 열매입니다. 온전한 구원이 시작된 사람은 반드시 회개에 합당한 열매를 맺어야 합니다. 그것은 사랑의 열매입니다. 타락한 이후로 사람은 사랑의 씨알을 잃었습니다. 그리고 사랑의 뿌리가 하나님을 향해 절단되었습니다. 그래서 사랑의 열매를 맺을 수 없었습니다.

그러나 죄사함과 거듭남을 통해서 에덴동산으로 다시 돌아온 피조물인 사람은 삼위일체 하나님이 공급하시는 사랑의 씨알을 다시 잉태하였습니다. 이것은 온전한 구원과 동시에 사랑의 뿌리가 회복된 것을 말합니다. 이제 사랑의 뿌리로부터 긍휼과 자비, 겸손과 온유, 그리고 인내를 공급받아 사랑의 씨알을 터뜨리면 됩니다. 처음부터 너무 큰 것을 기대하지 마십시오. 온전한 사랑을 흉내 내거나 모방하는 것부터 시작하면 됩니다. 그러기 위해서 주변에 온전한 영적 동지 spiritual fellow를 찾아 작은 사랑의 열매를 교환하십시오.

5. 작은 사랑의 열매에 대한 목마름

지금의 영적 단계에서는 사랑의 작은 열매에 목말라해야 합니다.

내가 사람의 방언과 천사의 말을 할지라도 사랑이 없으면 소리 나는 구리와 울리는 꽹과리가 되고 2 내가 예언하는 능력이 있어 모든 비밀과 모든 지식을 알고 또 산을 옮길 만한 모든 믿음이 있을지라도 사랑이 없으면 내가 아무 것도 아니요 3 내가 내게 있는 모든 것으로 구제하고 또 내 몸을 불사르게 내줄지라도 사랑이 없으면 내게 아무 유익이 없느니라 4 사랑은 오래 참고 사랑은 온유하며 시기하지 아니하며 사랑은 자랑하지 아니하며 교만하지 아니하며 5 무례히 행하지 아니하며 자기의 유익을 구하지 아니하며 성내지 아니하며 악한 것을 생각하지 아니하며 6 불의를 기뻐하지 아니하며 진리와 함께 기뻐하고 7 모든 것을 참으며 모든 것을 믿으며 모든 것을 바라며 모든 것을 견디느니라 8 사랑은 언제까지나 떨어지지 아니하되 예언도 폐하고 방언도 그치고 지식도 폐하리라 9 우리는 부분적으로 알고 부분적으로 예언하니 10 온전한 것이 올 때에는 부분적으로 하던 것이 폐하리라 11 내가 어렸을 때에는 말하는 것이 어린 아이와 같고 깨닫는 것이 어린 아이와 같고 생각하는 것이 어린 아이와 같다가 장성한 사람이 되어서는 어린 아이의 일을 버렸노라 12 우리가 지금은 거울로 보는 것 같이 희미하나 그 때에는 얼굴과 얼굴을 대하여 볼 것이요 지금은 내가 부분적으로 아나 그 때에는 주께서 나를 아신 것 같이 내가 온전히 알리라 13 그런즉 믿음, 소망, 사랑, 이 세 가지는 항상 있을 것인데 그 중의 제일은 사랑이라 (고전 13:1-13)

작은 사랑의 열매는 무엇입니까?

지금 한 끼의 식사를 위해 기도하는 사람이 당신 주변에 있습니다. 찾아가서 갈급한 식사를 대접하고 그 사람의 말에 귀를 기울이면 됩니다. 가르치거나 위로의 말로 그 사람보다 더 많은 말을 하지 마십시오. 그냥 그들의 말을 들어주는 것만으로도 상대방은 마음의 기쁨을 얻습니다. 그리고 마지막에는 반드시 주님의 능력과 평화를 선물로 주고 일어서야 합니다.

지금 당장 통장의 잔금이 부족한 경우라면 돈을 사용하는 부담에서 해방되어도 좋습니다. 그러면 전화나 이메일을 통해서 위로와 격려를 해 주십시오. 아무리 살기 힘들어도 자신을 이해하고, 자신의 처지와 고통을 들어주는 사람이 있다는 것만으로도 상대방은 마음의 평화를 느낄 수 있습니다. 소외되거나 버림받은 사람들에게 따뜻한 관심의 메시지를 전하십시오. 그러나 사람의 위로로 마무리하지 마십시오. 성령의 격려와 능력을 선물하십시오. 지금 당신이 교제하고 있는 사람은 당신의 위로나 격려가 필요한 것이 아니라, 하나님의 격려와 능력이 필요하다는 것을 결코 잊지 않아야 합니다. 지금 하나님을 소개하십시오. 예수님을 선물하십시오. 성령 하나님과 직접 연결시켜 주십시오. 지금은 굳이 신앙적인 말을 할 때가 아니라고 혼자 오판하지 마십시오. 때를 얻든지 못 얻든지 아버지 하나님의 사랑과 예수 그리스도의 생명을 선물하십시오. 모든 마무리는 삼위일체 하나님께서 하실 수 있도록 자리를 내어 드리십시오. 그리고 상대방을 위해 중보기도를 다시 시작하십시오.

그러나 지금 돈이 통장에 약간 그 이상으로 남아 있는데도 단순히 립서비스만 한다면 그것은 위선이 될 것입니다. 체면과 위선은 마귀의 것입니다. 그러므로 체면과 위선을 경계하십시오. 당신이 가진 적은 물질도 주변의 사람들에게 작은 사랑을 실천할 수 있습니다. 사랑을 나눌 목록을 작성해 보십시오. 그리고 우선순위를 기도로 결정하십시오. 성령 하나님께서 지시해 주실 것입니다. 성령이 당신의 영을 통해 마음에게 주시는 지시를 세밀하게 듣는 기도의 연습도 필요합니다. 이 것이 **교회공동체 영성**입니다.

하나님의 복음 안에서 거듭나셨습니까?
지금 남편에게 따뜻한 위로의 말을 시작하십시오.

지금 아내에게 격려의 말로 용기를 주십시오.

지금 부모에게 감사의 말로 사랑을 표현하십시오.

지금 자녀에게 하나님의 축복을 대언하십시오.

가족들에게 받은 권면이나 용기는 세상을 이기는 넉넉한 힘이 됩니다. 그와는 반대로 가족에게 받은 상처는 평생을 가도 내려지지 않는 무거운 짐이 됩니다. 작은 사랑의 열매는 가정에서부터 교회공동체로 맺어져야 합니다.

한 목회자의 아들이 있었습니다. 그는 목사 아버지로 인해 많은 상처를 받았습니다. 교회공동체에서 아버지는 정말 인자했습니다. 그러나 가족들에게는 좋은 사람이 아니었습니다. 목사인 아버지로 인해 아들은 복음의 문이 닫히고 예수를 부정하는 사람으로 살았습니다. 그리고 그가 장성한 후에 다른 교회공동체를 섬기면서 목회자를 괴롭히는 일등공신으로 사역했습니다. 그리고 나이가 지긋해서야 잘못을 뉘우치고, (원)죄를 회개한 후 예수를 영접했습니다.

목회자들과 교회의 직분자들이여!

가정은 중요한 사역지입니다. 가정에서부터 작은 사랑의 열매를 맺으셔야 합니다.

믿음의 남편과 혼인해서 예수를 영접하게 된 여인이 있었습니다. 그 여인은 구원의 감격을 말로 표현하고 싶었습니다. 그래서 구원받은 이후 복음을 전하는 일에 최선을 다했습니다. 하루는 남편이 직장에서 돌아왔는데 두 살짜리 어린 아들이 허리가 줄로 묶인 채 문고리에 대롱대롱 매달려 울고 있는 것을 발견했습니다. 그 여인은 어린 아들을 데리고 복음을 전하러 나가면 효과적으로 전도할 수 없어 어린 아들을 집에 묶어 두고 나간 것입니다. 그것이 여러 번 반복되자 남편이 교회공동체를 떠나고 가정이 파괴될 상황까지 전개된 사건도 있었습니다. 그 여인이 복음을 전하러 나간 것은 잘한 일이지만, 지혜 없이 행동한 것은 잘못된 일입니다. 그로 인해 작은 사랑의 열매가 맺어지지 않았다면 더욱 자신의 행동에 책임을 느껴야 합니다.

한 믿음의 가정에서 자라난 여성은 어릴 때 부모에게서 돈에 관한 이야기 외에 다른 좋은 조언이나 신앙적인 행동을 본 적이 없다고 한탄했습니다. 작은 사랑의 열매는 가까운 곳에서부터 맺어져야 합니다.

구원의 증거로는 예언, 방언, 능력, 지식, 구제 등의 은사를 받습니다. 그런데 이것은 성령의 열매를 맺는 도구입니다. 이것을 기초로 작은 사랑의 열매부터 맺어야 합니다. 사랑의 열매가 없으면 이러한 증거는 아무런 유익이 없는 자기 자랑에 불과합니다. 마귀 세력도 예언, 방언, 통변, 구제를 하고 능력을 베풀 수 있습니다. 그렇지만 마귀에게는 사랑이 없습니다. 오직 자기 유익과 자랑을 위해서 실력을 행사할 뿐입니다. 이것을 마귀 세력의 초자연적인 사역이라고 합니다. 악한 영들의 초자연적인 사역에 동참해서는 안 됩니다. 하나님의 영적인 사역에 동참해야 합니다. 제일 큰 영적인 사역은 사랑의 열매를 맺는 일입니다. 하나님의 사랑으로 이루어내지 않는 열매는 곧 시들고 향기를 잃습니다. 지금 영적 단계에서 비록 작지만 사랑으로 맺는 열매는 영원히 시들지 않습니다. 주님께서 심판 하실 때에 작은 사랑의 열매조차도 풍성한 수확의 증표가 될 것입니다.

우리는 형제를 사랑함으로 사망에서 옮겨 생명으로 들어간 줄을 알거니와 사랑하지 아니하는 자는 사망에 머물러 있느니라(요일 3:14)

결국 작을지라도 아름다운 사랑의 열매를 맺지 못한다면 진정한 생명구원을 받았어도 잃어버리기 쉽습니다. 생명구원을 받았지만 생활구원을 이루는 일에 실패하면 이런 사람들은 사망의 불에 던져지리라 말씀하신 것을 기억해야 합니다.

그러므로 회개에 합당한 열매를 맺고 9 속으로 아브라함이 우리 조상이라고 생각하지 말라 내가 너희에게 이르노니 하나님이 능히 이 돌들로도 아브라함의 자손이 되게 하시리라 10 이미 도끼가 나무 뿌리에 놓였으니 좋은 열매를 맺지 아니하는 나무마다 찍혀 불에 던져지리라 11 나는 너희로 회개하게 하기 위하여 물로 세례를 베풀거니와 내 뒤에 오시는 이는 나보다 능력이 많으시니 나는 그의 신을 들기도 감당하지 못하겠노라 그는 성령과 불로 너희에게 세례를 베푸실 것이요 12 손에 키를 들고 자기의

타작 마당을 정하게 하사 알곡은 모아 곳간에 들이고 쭉정이는 꺼지지
않는 불에 태우시리라(마 3:8-12)

그러므로 생활 속에서 구원을 완성해 나가야 합니다. 생명구원 받
은 이후 생활구원이 이루어지지 않으면 영적인 생명의 근육이 마르고
뼈가 자라지 않아 죽을 수도 있습니다. 그렇다면 다시 원래의 구원받
지 못한 상태로 회귀할 가능성도 꽤 높습니다.

만일 그들이 우리 주 되신 구주 예수 그리스도를 앎으로 세상의 더러움을
피한 후에 다시 그 중에 얽매이고 지면 그 나중 형편이 처음보다 더 심하
리니(벧후 2:20)

마귀와 그 세력은 이것을 원하고 있습니다. 그들은 가능하면 하나
님의 품에 있는 한 생명이라도 더 자기 품으로 다시 데려오려고 밤낮
을 가리지 않고 부지런히 그 대상을 찾아다니고 있습니다. 하나님께
돌아왔다 다시 마귀에게 얽매인 사람은 또다시 돌이켜 회개하기가 매
우 어렵습니다. 그리고 예수 믿기 전보다 더 사악하고, 죄에 얽매인 생
활을 하게 됩니다. 그런 사람들은 더욱 마음이 완악해져서 스스로의
영적 상태를 알면서도 돌아오지 못합니다. 매우 안타까운 일이지만
이런 사람들은 다시 용서받을 수 없는 죄를 범하게 됩니다.

근신하라 깨어라 너희 대적 마귀가 우는 사자 같이 두루 다니며 삼킬 자
를 찾나니 9 너희는 믿음을 군건하게 하여 그를 대적하라 이는 세상에 있
는 너희 형제들도 동일한 고난을 당하는 줄을 앎이라 (벧전 5:8-9)

마귀 세력은 매우 부지런합니다. 지금도 밤낮을 가리지 않고 부지
런히 하나님 품에서 다시 자신에게 데려올 이미 구원받은 사람을 찾아
쉼 없이 배회하고 있습니다. 아직 구원받지 않은 사람은 대상에서 제
외됩니다. 왜냐하면 이미 그들은 자기의 통제 아래 놓여 있기 때문입
니다. 문제는 생명구원 받아 사랑의 씨알을 가진 사람을 찾아 쉼 없이
배회한다는 것입니다. 이것을 알아차리고 이겨내기 위해서는 끊임없
는 고통과 고난 앞에서도 하나님만 신뢰하는 담대함을 잃지 않아야
합니다. 믿음은 지켜내는 것입니다.

그래서 너 하나님의 사람아, 스스로를 통제하라. 졸지 말고 깨어 있
으라. 그리고 적극적으로 마귀에게 항거하라, 이렇게 사도 베드로는
말씀을 전하는 것입니다.

믿음을 지키는 적극적인 방법은 잉태한 사랑의 씨알을 빨리 출산하
는 것입니다. 처음 열매는 극히 작고 존재가 미미할 것입니다. 그러나
계속해서 사랑의 열매를 출산하십시오. 그것만이 배고픔에 지친 상태
에서 삼키고 먹을 자를 찾아다니며 배회하는 마귀를 이기는 적극적인
방법입니다.

이제 막 출산한 사랑의 열매는 영적으로는 어린 아기입니다. 신령한 젖 맛을 느껴야 하는 단계입니다. 지금은 하나님이 얼마나 좋으신 아버지이신지, 예수님이 얼마나 좋은 맏형이며 친구인지 체험하는 단계입니다. 신령한 우유 맛을 느낄 수 있으면 당신은 건강하게 시작된 생명의 열매를 맺은 것입니다. 원초적인 말씀 그 자체를 사모하십시오. 성경을 스스로 읽어야 합니다. 영적 조미료가 많이 포함되어 있거나 영적으로 튀긴 말씀을 조심하십시오. 회개와 죄사함의 은혜를 강조하지 않는 말씀이 여기에 해당합니다. 달콤하고 논리적인 세상학문의 방법으로 결론을 내리는 설교나 성경공부가 여기에 해당됩니다. 교단이나 교리에 치우친 말씀은 삼가 장성한 믿음으로 자라서 딱딱한 영적 음식을 소화할 수 있을 때까지 조심해서 섭취하십시오. 성경대로 가르치지 않는 교단이나 그 교리에서는 과감하게 떠나십시오. 성령감동 없는 물질 강요라든지, 종말의 때와 시간을 말하며 불안을 조성하는 말씀에서는 떠나십시오. 이러한 가르침은 결국 믿음의 사람을 마귀와 그 세력에게 팔아넘기는 일을 하기 때문입니다.

9장

영적 생활의
멘토를 만들자

1. 영적 생활의 멘토(Mentor)를 만들자

(1) 복음서에 나타난 예수님의 말씀을 주의 깊게 묵상합시다.

그리스도인의 영적 멘토는 그리스도 예수이십니다. 그리고 예수님의 영적 가르침은 복음서에 모두 드러나 있습니다. 성경말씀을 읽고 명령을 그대로 순종하는 지혜와 결단이 필요합니다.

온전한 구원이 시작된 사람은 산상수훈에 나타난 다음과 같은 영적 생활의 교훈을 가지고 살아야 할 것을 예수님이 말씀하십니다.

심령이 가난한 자는 복이 있나니 천국이 그들의 것임이요 4 애통하는 자는 복이 있나니 그들이 위로를 받을 것임이요 5 온유한 자는 복이 있나니 그들이 땅을 기업으로 받을 것임이요 6 의에 주리고 목마른 자는 복이 있나니 그들이 배부를 것임이요 7 긍휼히 여기는 자는 복이 있나니 그들이 긍휼히 여김을 받을 것임이요 8 마음이 청결한 자는 복이 있나니 그들이 하나님을 볼 것임이요 9 화평하게 하는 자는 복이 있나니 그들이 하나님의 아들이라 일컬음을 받을 것임이요 10 의를 위하여 박해를 받은 자는 복이 있나니 천국이 그들의 것임이라 11 나로 말미암아 너희를 욕하고 박해하고 거짓으로 너희를 거슬러 모든 악한 말을 할 때에는 너희에게 복이 있나니 12 기뻐하고 즐거워하라 하늘에서 너희의 상이 큼이라 너희 전에 있던 선지자들도 이같이 박해하였느니라 (마 5:3-12, 참고, 눅 6:20-23)

세상에 대한 욕심을 버리고 하나님의 복음에 온전히 마음이 열린 사람은 '하나님 나라의 상속자'라고 말씀하십니다. 고통과 아픔에 처해 있는 사람에게 하나님의 사랑을 나누는 사람은 하나님께서도 그를 귀하게 여기신다고 가르쳐 주십니다. 자신의 거만함을 버리고 이웃을 이해하려는 마음이 있는 사람은 주변에 좋은 이웃을 많이 생산하게 된다고 말씀하십니다. 날마다 죄사함의 기쁨을 맛보고 하나님의 은혜를 사모하는 사람은 생활 속에서 만족의 기쁨이 가득 차오를 것이라고 말씀하십니다. 사랑의 뿌리가 튼실한 사람은 사랑의 열매를 풍성히 맺을 수 있다고 가르쳐 주셨습니다.

하나님 나라를 위해 자신의 목숨을 아끼지 않는 사람은 하나님께서 그를 직접 인도해 주실 것이며, 가식과 위선, 사욕과 탐심을 버리고 오직 하나님 말씀에 집중하며 사는 사람은 하나님께서 직접 만나주실 것이라고 말씀하십니다. 사람들 가운데 평화를 만들어내는 사람은 하나님의 자녀로서 손색이 없는 하나님의 성품을 유전 받은 사람이라고 말씀하십니다. 때를 얻든지 못 얻든지 하나님의 복음을 담대히 전해서 가능한 한 많은 생명을 구원시키라고 예수 그리스도는 명령하시고, 이 명령에 순종하는 사람은 하나님 나라에서 제일 큰 상급을 받게 될 것을 친히 말씀하셨습니다.

또 구원자 예수님은 그리스도인들에게 사람의 노력으로도 가능한 마음, 감정, 의지적인 혼의 사랑을 뛰어넘어 하나님과 깊고 순수한 교제를 나누며 얻게 된 영적 파워를 가지고 사랑의 교제fellowship of love를 나누라고 말씀하십니다. 그 교제의 열매로 예수 그리스도의 제자가 탄생하는 것입니다. 예수님의 제자로 주목받는 사람은 하나님의 복음을 철저히 전파하는 사람입니다.

> 또 네 이웃을 사랑하고 네 원수를 미워하라 하였다는 것을 너희가 들었으나 44 나는 너희에게 이르노니 너희 원수를 사랑하며 너희를 박해하는 자를 위하여 기도하라 45 이같이 한즉 하늘에 계신 너희 아버지의 아들이 되리니 이는 하나님이 그 해를 악인과 선인에게 비추시며 비를 의로운 자와 불의한 자에게 내려주심이라 46 너희가 너희를 사랑하는 자를 사랑하면 무슨 상이 있으리요 세리도 이같이 아니하느냐 47 또 너희가 너희 형제에게만 문안하면 남보다 더하는 것이 무엇이냐 이방인들도 이같이 아니하느냐 48 그러므로 하늘에 계신 너희 아버지의 온전하심과 같이 너희도 온전하라(마 5:43-48. 참고, 눅 6:27-28, 32-36)

새 계명을 너희에게 주노니 서로 사랑하라 내가 너희를 사랑한 것 같이 너희도 서로 사랑하라 35 너희가 서로 사랑하면 이로써 모든 사람이 너희가 내 제자인 줄 알리라(요 13:34-35)

하나님의 복음을 전파하는 사람은 눈에 보이는 혈과 육의 싸움을 멈추고, 눈에 보이지 않는 영적 전쟁을 시작해야 합니다. 복음의 사람은 온전한 구원을 받지 못한 식구들을 자신의 등back에 업고 핍박과 살인과 거짓말을 자행하는 공중 권세 잡은 자들과 영적 전쟁을 치러 나가야 합니다.

내가 세상에 화평을 주러 온 줄로 생각하지 말라 화평이 아니요 검을 주러 왔노라 35 내가 온 것은 사람이 그 아버지와, 딸이 어머니와, 며느리가 시어머니와 불화하게 하려 함이니 36 사람의 원수가 자기 집안 식구리라 37 아버지나 어머니를 나보다 더 사랑하는 자는 내게 합당하지 아니하고 아들이나 딸을 나보다 더 사랑하는 자도 내게 합당하지 아니하며 38 또 자기 십자가를 지고 나를 따르지 않는 자도 내게 합당하지 아니하니라 39 자기 목숨을 얻는 자는 잃을 것이요 나를 위하여 자기 목숨을 잃는 자는 얻으리라(마 10:34-39. 참고, 눅 12:51-53, 14:26-27)

하나님은 그분이 원하시는 사람에게 그분의 계시the revelation of God를 보이시고 알려주십니다. 하나님은 온유하고 겸손한 사람을 찾으십니다. 온유를 겸비한 겸손한 사람은 자신의 마음에 평화를 초청하고 하나님의 음성에 귀 기울이며 그분의 말씀에 집중하는 사람입니다. 그리스도이신 예수님을 영원한 멘토로 모시고 그분의 말씀에 집중하는 사람은 구체적인 삶의 변화가 일어납니다.

> 그 때에 예수께서 대답하여 이르시되 천지의 주재이신 아버지여 이것을 지혜롭고 슬기 있는 자들에게는 숨기시고 어린 아이들에게는 나타내심을 감사하나이다 26 옳소이다 이렇게 된 것이 아버지의 뜻이니이다 27 내 아버지께서 모든 것을 내게 주셨으니 아버지 외에는 아들을 아는 자가 없고 아들과 또 아들의 소원대로 계시를 받는 자 외에는 아버지를 아는 자가 없느니라 28 수고하고 무거운 짐 진 자들아 다 내게로 오라 내가 너희를 쉬게 하리라 29 나는 마음이 온유하고 겸손하니 나의 멍에를 메고 내게 배우라 그리하면 너희 마음이 쉼을 얻으리니 30 이는 내 멍에는 쉽고 내 짐은 가벼움이라 하시니라(마 11:25-30. 참고, 눅 10:21-22)

하나님 나라에서 가장 큰 사람은 어린아이와 같이 순수함을 잃지 않고, 자신의 부족함을 알아 스스로 낮은 자리에 앉는 사람입니다. 이런 사람은 욕심이 없는 것이 아니라 욕심을 절제해서 마음과 생활을 다스리는 사람입니다. 욕심을 절제하는 사람은 섬기는 기쁨을 알게 됩니다. 섬기는 사람은 나누고 보살피는 것으로 만족하며 보상을 요구하지 않습니다. 예수 그리스도는 섬김을 결단하고 주변을 돌아보는 여유를 가진 사람을 겸손하고 온유한 사람이라고 말씀하십니다.

그 때에 제자들이 예수께 나아와 이르되 천국에서는 누가 크니이까 2 예수께서 한 어린 아이를 불러 그들 가운데 세우시고 3 이르시되 진실로 너희에게 이르노니 너희가 돌이켜 어린 아이들과 같이 되지 아니하면 결단코 천국에 들어가지 못하리라 4 그러므로 누구든지 이 어린 아이와 같이 자기를 낮추는 사람이 천국에서 큰 자니라 5 또 누구든지 내 이름으로 이런 어린 아이 하나를 영접하면 곧 나를 영접함이니(마 18:1-5; 막 9:33-37; 눅 9:46-48)

청함을 받은 사람들이 높은 자리 택함을 보시고 그들에게 비유로 말씀하여 이르시되 8 네가 누구에게나 혼인 잔치에 청함을 받았을 때에 높은 자리에 앉지 말라 그렇지 않으면 너보다 더 높은 사람이 청함을 받은 경우에 9 너와 그를 청한 자가 와서 너더러 이 사람에게 자리를 내주라 하리니 그 때에 네가 부끄러워 끝자리로 가게 되리라 10 청함을 받았을 때에 차라리 가서 끝자리에 앉으라 그러면 너를 청한 자가 와서 너더러 벗이여 올라 앉으라 하리니 그 때에야 함께 앉은 모든 사람 앞에서 영광이 있으리라 11 무릇 자기를 높이는 자는 낮아지고 자기를 낮추는 자는 높아지리라 12 또 자기를 청한 자에게 이르시되 네가 점심이나 저녁이나 베풀거든 벗이나 형제나 친척이나 부한 이웃을 청하지 말라 두렵건대 그 사람들이 너를 도로 청하여 네게 갚음이 될까 하노라 13 잔치를 베풀거든 차라리 가난한 자들과 몸 불편한 자들과 저는 자들과 맹인들을 청하라 14 그리하면 그들이 갚을 것이 없으므로 네게 복이 되리니 이는 의인들의 부활시

에 네가 갚음을 받겠음이라 하시더라(눅 14:7-14)

생활구원을 이루는 것은 그리스도인들의 선택이 아니라 의무입니다. 온전한 구원의 열매는 생활 속에서 반드시 드러나야 합니다. 생활구원은 그리스도 예수께서 복음서를 통해 그리스도인들에게 당부하신 절박한 교훈입니다. 그러므로 그리스도인은 온전한 멘토이신 예수 그리스도의 가르침을 그대로 순종해서 반드시 생활의 열매를 맺어야 합니다.

(2) 성경에 나타난 하나님의 사람 중에 한 사람을 깊이 연구하십시오.

성경은 하나님의 사람들이 그들의 일생을 통해 하나님과 동행하는 이야기를 써 놓았습니다. 성경을 읽으십시오. 성경에 나타나는 다양한 인물들을 통해 신앙의 고민과 아픔을 해결하는 지혜를 배우게 됩니다. 하나님께서는 우상숭배의 그늘에서 벗어나지 못하는 아브람(부족의 아버지)을 갈대아 우르Ur of the Chaldees에서 부르시고 인도해 내셔서 하나님만 신뢰하며 사는 방법을 가르쳐 주셨습니다. 그리고 그를 믿음의 조상 아브라함(열방의 아버지)으로 세우셨습니다. 당신도 당신 가문의 믿음의 조상이 될 수 있습니다.

하나님은 아브라함의 아들 이삭의 생애를 통해 하나님을 향한 순종(obedience to God, 창 22:1-19)이 무엇인지를 배우게 하셨습니다. 야곱을 통해 하나님의 사랑과 능력을 적극적으로 사모하는 자에게 주어지는 복이 무엇인지를 알게 하셨습니다. 그리고 그의 기도를 통해 하나님과 대화하는 방법을 가르쳐 주셨습니다. 하나님은 요셉을 비전의 사람으로 세우시고, 그에게 보이신 계시를 성취해 주셨습니다. 하나님은 모세를 통하여 한 민족이나 단체의 지도자가 어떻게 생각하고 행동해야 하는지를 배우게 하셨습니다. 하나님은 다윗을 통하여 작은 일에 충성하는 자가 큰 일에 충성할 수 있는 본보기를 보여 주셨습니다(삼상 16:11, 12). 하나님은 다윗이 실수 가운데서도 자기 자신의 허물을 하나님께 통회할 때 죄를 용서하시고 더 깊은 교제를 나누어 주셨습니다(시 51:1-19).

하나님의 일과 세계 선교에 관심이 많으시다면 요나(서)를 멘토로 삼으십시오. 세상을 향한 하나님의 구원의 의도를 매우 밀도 있게 배우게 됩니다. 이사야나 예레미야는 나라와 민족이 나아가야 할 영적 메시지를 하나님께로부터 직접 받아내어 위정자로부터 백성에게 이르기까지 담대히 선포했습니다. 하나님은 다니엘의 생애를 통해 환경을 지배하며 사는 방법을 터득하게 하셨습니다. 학개, 스가랴, 말라기를 멘토로 만나보십시오. 바벨론 포로에서 돌아와서도 하나님의 백성은 우상숭배에서 벗어나지 못한 채 하나님의 무너진 성전을 재건하기는 커녕 자신의 살 집만 건축하여 편안한 삶에만 관심을 쏟았습니다. 그들은 영적 암흑기 시대의 성도들이 영적 침체를 벗어날 수 있는 메시지를 전했습니다.

예수님은 열두 제자를 부르시어 그리스도의 복음을 선포하시고, 온전한 구원을 받는 방법을 알게 하셨습니다. 또한 성령 하나님은 예수님의 제자들에게 성령 받기 전과 받은 후의 생활이 어떻게 다른지를 알려 주셨습니다. 예수님은 우물가에서 온전한 구원을 확인받자 그 큰 기쁨을 감추지 못하고 마을로 달려가 천국복음을 전하는 사마리아 여인의 멘토가 되어 주셨습니다. 예수 그리스도는 죽었다가 살아난 나사로의 여동생 마리아를 통해 온전히 예배드리는 자의 기쁨이 무엇인지 알게 하셨습니다.

하나님은 사도 바울을 통해 선교사역이 무엇인지를 알고 배우게 하셨습니다. 그리고 성령의 은사는 어떻게 사용하는 것인지를 배우게 하셨습니다. 사도 바울은 디모데를 영적으로 성장시켜 목양할 수 있도록 훈련시켰습니다. 하나님은 사도 요한을 통해 하나님의 예언과 계시가 무엇인지를 알게 하시고 영적인 것은 영적으로 해석하여 풀어나갈 수 있도록 지혜를 가르쳐 주셨습니다.

성경은 다양한 사람들에게 드러난 하나님의 사역을 보여줍니다. 그러므로 당신도 성경에 나타난 자신의 처지와 상황이 비슷한 한 인물을 선택하여 멘토로 삼고 그 인물의 사역을 연구하십시오. 그리고 그

성경의 인물이 몰입했던 하나님의 사역에 몰입해 보십시오. 당신도 놀랍고 큰 영적 변화를 체험하게 될 것입니다.

(3) 주변 그리스도인들 가운데 영분별력을 가진 사람을 찾아 교제를 나누십시오.

영분별의 능력은 하나님께서 주시는 선물입니다. 그러기에 모든 사람에게 주어지는 것은 아닙니다. 그러므로 영분별의 은사를 사모하되 선물로 받지 못한 사람은 올바른 영적 분별력을 가지고 사역하기 위해서 주변 그리스도인 가운데 영분별력이 있는 사람과 깊은 교제를 나누는 겸손과 지혜가 필요합니다. 그래서 수시로 하나님의 사역과 마귀 세력의 사역을 구분하는 노력이 필요합니다. 더 나아가 당신은 영분별의 은사를 받지는 않았어도 사건마다 혹은 사역마다 영적 지혜와 분별력을 가지고 하나님의 사역을 이루어 나갈 수 있도록 끊임없이 기도해야 합니다. 새로운 사역을 또다시 시작할 때는 언제나 겸손한 마음과 순종의 영성을 지닐 수 있어야 합니다.

또한 영적 색깔과 사역 방향이 같은 사람들이 모여 함께 신앙공동체를 이루는 것도 중요합니다. 교회공동체를 선택할 때 모든 사람이 칭찬한다고 해서 당신의 영적 색깔과 사역 방향이 같은 것은 아닙니다. 그러므로 자신의 영적 색깔spiritual color을 정확히 발견하는 것이 무엇보다 중요합니다. 그리고 자신의 사역 방향을 확인한 후, 신앙공동체를 선택하는 지혜가 필요합니다.

　예를 들어봅니다. 지적인 성향의 색깔을 가지고 있는 사람은 지식, 지혜, 영분별의 은사를 가지고 사역하는 사람이나 교회공동체에서 사역해야 합니다. 감성적인 성향의 영적 색깔을 가지고 있는 사람은 방언, (방언)통역, 예언의 은사를 가지고 사역하는 사람이나 교회공동체에서 사역하면 더욱 효과적인 사역을 할 수 있습니다. 의지력이 강한 성향의 영적 색깔을 가지고 있는 사람은 믿음, 병고침, 능력 행함의 은사를 지닌 사람이나 교회공동체에서 사역하면 영적 성장이 빠르고, 효과적으로 사역을 할 수 있습니다. 물론 각 교회공동체가 성령 하나님의 강한 능력을 받아야 합니다. 그래야만 모든 영적 색깔을 조합하여 사역할 수 있습니다.

　명심해야 할 것은 하나님은 완전하시지만 사람들이 모인 모든 교회공동체가 완벽하게 조화를 이룰 수는 없다는 것입니다. 그러므로 완벽한 교회공동체를 막연하게 기대하기보다는 그 교회공동체의 지도자의 영적 색깔을 파악하여 조화와 협력을 이루어 나아가야 합니다. 교회지도자와 일반사역자 모두가 서로에게 영적으로 열린 마음을 지니고 하나님의 사역에 임할 때 성령 하나님께서 강하게 사역하십니다. 그렇게 될 때 하나님께서 원하시는 참 좋은 사역, 참 좋은 사역공동체를 만들 수 있습니다.

또 하나, 중요한 사실은 영적 색깔을 확인한 후에는 사역의 방향도 꼭 점검해야 합니다. 우선, 예배와 교육을 강조하는 교회지도자나 교회공동체가 있습니다. 차세대교육과 청장년 영성 교육에 집중하는 경우입니다. 그다음으로, 예배와 전도사역을 강조하는 교회지도자나 교회공동체가 있습니다. 이 경우의 공동체는 새 생명 탄생에 매우 집중합니다. 이런 사역의 방향을 추구하는 교회지도자 혹은 교회공동체는 새 생명을 탄생시킨 후, 그다음 단계의 신앙성장을 위한 사역을 개발하지 않으면 교회 안으로 들어오는 사람이나 밖으로 빠져나가는 신자가 거의 같은 비율을 차지합니다. 그러므로 이 사역방향의 교회지도자나 교회공동체 속한 사람은 이러한 교회지도자와 교회공동체의 사역방향을 알고 불평이나 불만을 토로하기에 앞서 자신이 그 사역의 방향을 감당할 수 있는지를 먼저 점검해야 합니다.

또 다른 사역방향의 형태는 예배와 선교를 강조하는 경우입니다. 선교 사역지와 긴밀한 관계를 통해 형식적인 단기선교(3개월 전후의 선교형태)의 형태보다는 영적으로 깊은 체험을 가지고 목숨을 던져 생명을 구원하는 일에 동참하는 중장기 선교지원(12개월 이상 참여하는 선교형태)에 앞장서는 교회지도자나 교회공동체가 있습니다. 이런 사역의 방향도 고려해서 교회공동체를 선택하는 지혜가 필요합니다. 교회지도자나 교회공동체의 사역이 한쪽 방향으로만 치우칠 수는 없습니다. 그래도 그 공동체가 주된 사역의 방향을 설정해 주지 않으면 오히려 방황하는 종교적인 그리스도인들을 많이 생산하게 됩니다. 그렇게 되면 그들은 공동체 안에서 리더십 다툼에 휘말리거나 다른 사역자들의 사역의 걸림돌이 되어서 그나마 공동체 안에 축적된 영적 에너지를 불필요한 일에 소진되게 합니다.

하나님께 이미 드려진 예물은 하나님 복음을 전하는 생명사역에 사용하고 순환시켜야 합니다. 가끔 공동체가 저축하거나 동결 자산형태로 묶어 두는 경우가 있는데, 이것은 교회공동체에 매우 위험한 요소가 됩니다. 그것으로 인해 교회의 분열이 초래하는 경우도 있습니다. 또 세상 경제활동에 밝은 사람들로 인해 공동체의 자산증식의 일환으로 증권이나 투자신탁 등 세상 경제마켓과 연결고리를 가지는 경우도 있습니다. 어떤 경우이든 교회사역이나 하나님께 드려진 예물은 순환성이 강조되어야 합니다. 다시 말해, 개인이나 교회공동체의 사역 방향이 분명히 결정된 상태라면 시간과 물질은 사역의 열매를 맺기 위해 집중해서 순환시켜야 합니다.

혹시라도 자신이 모르는 사이에 마귀 세력의 유혹에 넘어가서 사탄satan의 사역을 도왔다면 자범죄와 허물을 회개하면 됩니다. 무엇보다 중요한 것은 영적 멘토가 완벽하다고 착각해서도 안됩니다. 그는 단지 영적 우물을 깊게 판 사람이지만 여전히 육신을 입고 있는 사람입니다. 그러므로 영적 멘토와 사역을 나누며, 그리스도의 사랑으로 격려하는 겸손한 존경이 서로에게 절실히 요구됩니다.

2. 영적 자신감으로 무장하라.

(1) 온전한 구원, 바로 당신의 것임을 인정하며 삽시다.

사람이 자신의 죄를 깨닫고, 회개하여 죄의 용서를 받고 생명의 주 예수 그리스도를 자신의 임금으로 혼의 권좌에 모셔서 창조 당시의 영이 회복된 그 사람은 온전한 구원이 시작되었습니다. 이 사람은 하나님께로부터 양자의 영을 회복받은 사람입니다. 그리고 하나님 나라의 상속권이 회복된 사람입니다. 이러한 사람은 영spirit이 주도권을 가지고 혼과 육체를 다스립니다. 비록 육적인 그리스도인일지라도 그 사람은 온전한 하나님의 자녀이며, 동시에 하나님 나라의 상속자입니다. 이것은 남녀노소를 구분하지 않습니다. 죄의 용서를 받고 부활의 영으로 거듭난 사람이면 누구나 동일한 권리를 보장받습니다. 하나님의 복음 안에서 온전히 구원받은 사람은 하나님께로부터 자신의 영적 지위와 그 위치를 보장받은 사람입니다. 그러므로 이제부터 더욱 영적 자신감을 가져야 합니다.

혼적 교만the pride of soul과 영적 자신감spiritual confidence

교회공동체 안에서 경험하게 되는 형태는 비슷하지만 결과는 확연히 다른 두 가지 현상이 있습니다. 그것은 혼(soul)적 교만과 영적 자신감입니다.

혼적 교만

혼적 교만은 종교적인 그리스도인들에게 나타나는 현상 중의 하나입니다. 흔히 영적 교만이라고 말하는 현상입니다. 그러나 온전한 사람의 영은 교만에 빠지지 않습니다. 왜냐하면 그 영은 하나님의 형상을 따라 지음받은 겸손과 순종의 영이기 때문입니다. 그러므로 영이 교만한 것이 아니라, 혼의 연합체인 마음이 마귀와 그 세력의 본성을 버리지 못하고 다시 영spirit을 지배하려는 것입니다. 그것이 거칠고 사나운 혹은 감춰진 교만의 형태로 드러나는 것뿐입니다. 신앙생활의 연차를 자랑하며, 신앙의 계보나 교단적 배경 같이 영적 실제를 벗어난 부수적인 것들로 자신의 자랑거리를 삼는 사람들이 바로 여기에 해당

됩니다.

그들은 입으로는 하나님을 크게 부르면서 행동으로는 하나님을 가볍게 여깁니다. 또 그들은 자신이 하나님을 가장 잘 믿는다고 착각합니다. 행동을 바르게 하지 못하거나 구원을 받지 않은 사람들을 무시하거나 불쌍한 사람으로 취급합니다. 다른 사람에 대해 판단과 정죄를 서슴지 않고 저지릅니다. 다른 사람의 티끌 같은 허물은 쉽게 발견하면서 자신 안에 있는 들보 같은 허물은 발견하지 못합니다. 또한 그들은 사람들 앞에서 자신을 높이는 것을 부끄러워하지 않습니다. 그리고 자신의 판단, 결정, 행동을 최고로 인정하며 하나님의 명령을 가볍게 여기고 쉽게 저버립니다. 혹시라도 타인들에 의해서 이러한 자신들의 문제가 지적되면 회개하고 돌아서지 않고, 오히려 그 지적을 무시하고, 심지어 영적인 조언을 해준 사람들과 관계를 단절하기도 합니다. 하나님의 복음과 성경적인 온전한 예언과 계시가 통용되는 교회공동체일지라도 자신의 의견이나 주장이 받아들여지지 않으면 교회공동체를 분리시키거나 파당을 지어 혈과 육의 싸움으로 전환시킵니다. 자신으로 인해 발생하는 교회공동체의 와해나 고통에 대해 전혀 가책을 느끼지 않습니다. 오히려 자신의 방해나 사역의 회피로 인해 지체사역의 공백이 생기고 교회사역에 큰 타격이 오면 자신의 위치를 재확인하며 자신을 내세우는 일을 도모합니다. 이들은 자신의 행동을 돌아볼 영적 여유와 평화가 없습니다. 오직 모든 사람과 사건에 대해 판단과 정죄가 앞서는 사람들입니다. 그리고 자신의 의견이나 주장만 관철하려고 합니다. 자세히 관찰해 보십시오. 이런 일들은 마귀와 그 세력의 사역입니다. 종교적인 그리스도인들은 마귀 세력을 등에 업고 다닙니다. 그래서 마귀가 지시하는 대로 그들의 사역을 거부감 없이 돕습니다.

결국 마귀와 그 세력은 교회공동체의 사역에 익숙한 사람들을 유혹하여 자신의 사역을 실행하도록 명령합니다. 이 유혹에 넘어가는 사람들이 바로 '영적 교만', 좀 더 바르게 언급하면 '혼적 교만'에 빠진 사람들입니다. 혼적 교만에 빠진 사람들의 특징이 있습니다. 그들은 스스로 지혜롭고 똑똑하며, 이성적이고 논리적이라고 생각합니다. 마귀와 그 세력은 스스로 똑똑하고 지혜롭다고 생각하는 사람들을 유혹의 대상으로 삼습니다. 그 대상은 교회공동체 전문사역자(목양자, 선교사)이거나 일반사역자(교회 지도자, 특별사역자)가 되기도 합니다. 그 누구도 마귀와 그 세력의 유혹의 대상에서 면제된 사람은 없습니다.

성경은 뱀을 교활할 정도로 사리에 밝은 동물로 인정합니다. 그 특성을 마귀 세력이 이용하여 죄를 범하게 했습니다.

보라 내가 너희를 보냄이 양을 이리 가운데로 보냄과 같도다 그러므로 너희는 뱀 같이 지혜롭고 비둘기 같이 순결하라(마 10:16)

창세기 3장에서 아담과 하와가 뱀의 유혹에 넘어가 허물로 죄를 세상에 불러들인 것을 발견합니다. 뱀도 마귀 세력의 유혹에 넘어가서 그들의 사역을 진행한 것입니다. 종교적인 그리스도인이 혼적 교만에 빠지면 자신도 모르는 사이에 마귀 세력의 유혹에 넘어가서 하나님과 하나님 나라에 대해 죄를 범하는 사역을 진행하게 됩니다. 그렇지만 저주는 마귀 세력의 사역을 담당한 사람과 뱀에게 돌아갔습니다. 마귀 세력은 뱀의 교활함과 지혜로움을 유혹하여 범죄를 저지르게 했습니다. 뱀은 마귀와 그 세력의 유혹에 넘어가 인류 대표로 부름받은 아담과 하와를 유혹합니다. 그리고 그들은 그 유혹에 넘어가 하나님을 대적하는 자리에 섰습니다. 그 결과 모든 피조물의 영혼과 육체가 죽게 된 것입니다.

그 죄와 죽음에 대한 책임은 아담과 하와 그리고 뱀에게 고스란히 돌아갔습니다. 마귀와 그 세력은 자신들이 저지른 잘못된 결과를 책임지지 않습니다. 그들은 자신이 직접 나서서 자신의 사역을 진행하기보다는 자신의 계획을 진행할 파트너를 먼저 찾습니다. 그리고 그를 유혹하여 자신의 사역을 진행하도록 돕습니다. 그들은 전쟁, 살인, 그리고 깊은 두려움을 사용하여 자신의 계획을 관철하고 사람을 하나님께로부터 계속해서 분리시킵니다. 그것이 마귀와 그 세력의 사역입니다. 그래서 지옥으로 하나님의 사람들을 끌어들이는 사역을 교활하게 진행하고 있습니다.

마귀 세력은 사람들로 하여금 자신의 뜻에 따라 행동하도록 지시하면서도, 입으로만 하나님께 부르짖게 합니다. 그들은 자신의 일을 진행할 때 사람들로 하여금 더욱 '주여! 주여!' 큰 소리로 외치게 합니다. 더욱이 혼적 교만에 빠진 교회공동체 사람들은 자신이 주장하는 그릇된 일도 하나님의 사역이라고 착각합니다. 이런 사람들은 우쭐대는 마음으로 교회공동체 사역을 파괴하는 일을 자행합니다. 결국 그들은 성령훼방죄를 저지르게 됩니다. 혼적 교만은 마귀 세력으로부터 오는 하나님을 대적하는 큰 죄를 생산합니다.

예수님께서 독사의 자식이라고 꾸짖은 사람들이 있습니다. 그들은 바로 외식하는 서기관과 바리새인들입니다. 그들은 겸손하지 못하여 섬김을 받는 자리에만 먼저 찾아가 앉았습니다. 그들은 겉은 아름다워 보이나 속은 문드러져 냄새가 났습니다. 그들의 생활은 회칠한 무덤같이 겉은 깨끗하고 아름다워 보이나 그 속은 죽은 사람의 뼈와 더러운 것으로 가득했습니다. 그들은 성전을 더럽히고 거짓말과 술수로 사람들을 기만했습니다. 이런 사람은 혼적 교만으로 얼룩진 사람입니다. 이들은 이미 하나님의 심판을 받고도 다른 사람을 지옥으로 끌어들입니다.

이에 예수께서 무리와 제자들에게 말씀하여 이르시되 2 서기관들과 바리새인들이 모세의 자리에 앉았으니 3 그러므로 무엇이든지 그들이 말하는 바는 행하고 지키되 그들이 하는 행위는 본받지 말라 그들은 말만 하고 행하지 아니하며 4 또 무거운 짐을 묶어 사람의 어깨에 지우되 자기는 이 것을 한 손가락으로도 움직이려 하지 아니하며 5 그들의 모든 행위를 사람에게 보이고자 하나니 곧 그 경문 띠를 넓게 하며 옷술을 길게 하고 6 잔치의 윗자리와 회당의 높은 자리와 7 시장에서 문안 받는 것과 사람에게 랍비라 칭함을 받는 것을 좋아하느니라 8 그러나 너희는 랍비라 칭함을 받지 말라 너희 선생은 하나요 너희는 다 형제니라 9 땅에 있는 자를 아버지라 하지 말라 너희의 아버지는 한 분이시니 곧 하늘에 계신 이시니라 10 또한 지도자라 칭함을 받지 말라 너희의 지도자는 한 분이시니 곧 그리스도시니라 11 너희 중에 큰 자는 너희를 섬기는 자가 되어야 하리라 12 누구든지 자기를 높이는 자는 낮아지고 누구든지 자기를 낮추는 자는 높아지리라 13 화 있을진저 외식하는 서기관들과 바리새인들이여 너희는 천국 문을 사람들 앞에서 닫고 너희도 들어가지 않고 들어가려 하는 자도 들어가지 못하게 하는도다 14 (없음) 15 화 있을진저 외식하는 서기관들과 바리새인들이여 너희는 교인 한 사람을 얻기 위하여 바다와 육지를 두루 다니다가 생기면 너희보다 배나 더 지옥 자식이 되게 하는도다 16 화 있을진저 눈 먼 인도자여 너희가 말하되 누구든지 성전으로 맹세하면 아무 일 없거니와 성전의 금으로 맹세하면 지킬지라 하는도다 17 어리석은 맹인들이여 어느 것이 크냐 그 금이냐 그 금을 거룩하게 하는 성전이냐 18 너희가 또 이르되 누구든지 제단으로 맹세하면 아무 일 없거니와 그 위에 있는 예물로 맹세하면 지킬지라 하는도다 19 맹인들이여 어느 것이 크냐 그 예물이냐 그 예물을 거룩하게 하는 제단이냐 20 그러므로 제단으로 맹세하는 자는 제단과 그 위에 있는 모든 것으로 맹세함이요 21 또 성전으로 맹세하는 자는 성전과 그 안에 계신 이로 맹세함이요 22 또 하늘로 맹세하는 자는 하나님의 보좌와 그 위에 앉으신 이로 맹세함이니라 23 화 있을진저 외식하는 서기관들과 바리새인들이여 너희가 박하와 회향과 근채의 십일조는 드리되 율법의 더 중한 바 정의와 긍휼과 믿음은 버렸도다 그러나 이것도 행하고 저것도 버리지 말아야 할지니라 24 맹인 된 인도자여 하루살이는 걸러 내고 낙타는 삼키는도다 25 화 있을진저 외식하는 서기관들과 바리새인들이여 잔과 대접의 겉은 깨끗이 하되 그 안에는 탐욕과 방탕으로 가득하게 하는도다 26 눈 먼 바리새인이여 너는 먼저 안을 깨끗이 하라 그리하면 겉도 깨끗하리라 27 화 있을진저 외식하는 서기관들과 바리새인들이여 회칠한 무덤 같으니 겉으로는 아름답게 보이나 그 안에는 죽은 사람의 뼈와 모든 더러운 것이 가득하도다 28 이와 같이 너희도 겉으로는 사람에게 옳게 보이되 안으로는 외식과 불법이 가득하도다 29 화 있을진저 외식하는 서기관들과 바리새인들이여 너희는 선지자들의 무덤을 만들고 의인들의 비석을 꾸미며 이르되 30 만일 우리가 조상 때에 있었더라면 우리는 그들이 선지자의 피를 흘리는 데 참여하지 아니하였으리라 하니 31 그러면 너희가 선지자를 죽인 자의 자손임을 스스로 증명함이로다 32 너희가 너희 조상의 분량을 채우라 33 뱀들아 독사의 새끼들아 너희가 어떻게 지옥의 판결을 피하겠느냐 34 그러므로 내가 너희에게 선지자들과 지혜 있는 자들과 서기관들을 보내매 너희가 그 중에서 더러는 죽이거나 십자가에 못 박고 그 중에서 더러는 너희 회당에서 채찍질하고 이 동네에서 저 동네로 따라다니며 박해하리라 35 그러므로 의인 아벨의 피로부터 성전과 제단 사이에서 너희가 죽인 바라갸의 아들 사갸랴의 피까지 땅 위에서 흘린 의로운 피가 다 너희에게 돌아가리라 36 내가 진실로 너희에게 이르노니 이것이 다 이 세대에 돌아가리라(마 23:1-36)

영적 자신감

하나님의 복음을 깨닫고 온전한 구원을 받은 사람은 하나님이 언제나 함께 해 주신다는 확신을 가지고 살게 됩니다. 날마다 새로운 피조물이 된 것을 확신하며 살아갑니다. 그리고 그 구원은 흔들리지 않는 온전한 구원인 것을 확신하며 살아야 합니다. 이것을 **영적 자신감**이라고 합니다. **혼적 교만**과는 확연히 구분할 수 있어야 합니다. 온전한 구원이 시작된 사람일지라도 육체를 입고 있는 한 죄와 허물에서 면제받은 것은 아니라고 여러 번 언급했습니다. 결국 죄와 허물은 사람의 일생을 따라다니는 그림자와 같은 것입니다. 빛을 바라보며 살다가 어두운 곳으로 돌아서면 그 그림자는 어김없이 사람들의 삶을 침범해 앞에서 다가오며 떠나가질 않습니다. 그것으로 인해 유혹에 넘어가는 횟수는 수십 차례 아니 수백 차례가 됩니다. 그럼에도 불구하고 하나님이 기뻐해 주시면 다시 일어날 수 있음을 확신할 수 있어야 합니다. 하나님은 상징적인 숫자이기는 하지만 일흔 번씩 일곱 번이라도 용서해 주실 것입니다. 다시 말하면 회개하고 다시 돌아서기만 하면 **언제나 그리고 끝까지** 거절하지 않고 용서해 주십니다. 이것을 확실히 믿고 인정할 때 '영적 자신감'이 옵니다.

그런즉 누구든지 그리스도 안에 있으면 새로운 피조물이라 이전 것은 지

나갔으니 보라 새 것이 되었도다(고후 5:17)

　'영적 자신감'이란 그리스도 안에서 새로운 결심을 가지고 새로운 생활을 오늘 다시 시작하는 것입니다. 이것은 아담과 하와가 창조되면서 부여받은 처음의 정결한 모습으로 회복된 것입니다. 하나님께서는 온전한 구원이 시작된 사람들에게 주신 그리스도 안에서 새로운 피조물로 삼으신 약속을 절대로 먼저 파괴하지 않으십니다. 그러므로 온전한 구원이 시작된 그리스도인은 날마다 '영적 자신감'으로 살아야 합니다.

> 누가 우리를 그리스도의 사랑에서 끊으리요 환난이나 곤고나 박해나 기근이나 적신이나 위험이나 칼이랴 36 기록된 바 우리가 종일 주를 위하여 죽임을 당하게 되며 도살 당할 양 같이 여김을 받았나이다 함과 같으니라 37 그러나 이 모든 일에 우리를 사랑하시는 이로 말미암아 우리가 넉넉히 이기느니라 38 내가 확신하노니 사망이나 생명이나 천사들이나 권세자들이나 현재 일이나 장래 일이나 능력이나 39 높음이나 깊음이나 다른 어떤 피조물이라도 우리를 우리 주 그리스도 예수 안에 있는 하나님의 사랑에서 끊을 수 없으리라(롬 8:35-39)

긍정적인 사고 방식positive thinking과 긍정의 마음open mind

혼히 사람들은 '긍정적인 사고방식'과 '긍정의 마음'을 같은 의미로
사용하고 있습니다. 그러나 이것은 확연히 다른 차원의 것입니다.

긍정적인 사고방식은 마귀 세력의 것입니다. 긍정적인 사고방식은
피조물인 사람이 스스로를 무한한 가능성의 존재로 착각하게 합니
다. 그래서 하나님 없이도 스스로 무엇이든 이루어나갈 수 있다고 생
각하게 만듭니다. 이것은 자기중심의 세계관을 더욱 철저히 구축하게
만듭니다. 이러한 사고방식은 교만의 증거로서 새로운 바벨탑을 쌓으
며 하나님을 대적하고 신비한 능력도 발휘합니다. 이것은 자신에게는
열린 마음을 갖지만 하나님에게는 닫힌 마음을 갖습니다. 창조 질서
안에서 지금까지 모르던 사실을 발견하면 그것을 근거로 자신을 자
랑하며 스스로 위대한 존재로 부각시킵니다.

혼히 발달된 과학과 과학자들, 또는 종교와 종교지도자들이 이러
한 오류를 범하고 있습니다. 세상을 지배하고 발전시켜 나가는 사람
들이 대부분 이러한 잘못을 저지르고 있습니다. 이것은 마귀 세력이
그 배후에서 조종하는 생각의 형태입니다. 혼soul적 교만의 또 다른
모습입니다.

그러나 긍정의 마음은 하나님이 주시는 마음입니다. 이 마음은 피
조물인 사람이 스스로 유한한 존재임을 깨닫게 해 줍니다. 우주의 질

서를 발견하면 피조물인 자신이 얼마나 작은 존재인지 고백합니다. 그럼에도 불구하고 하나님이 이 우주를 피조물인 사람에게 관리할 수 있도록 맡기신 것을 감지하는 마음입니다. 그러기에 환경에 굴복하지 않는 마음입니다. 이것은 하나님의 세계를 정확히 인정하는 마음입니다. 영적 지시에 순종하는 마음입니다. 환경을 지배하고 책임을 가지고 관리하는 마음입니다. 이 마음은 감사가 끊이지 않는 마음입니다. 아무리 힘든 여건과 상황이더라도 하나님이 만드신 창조질서 안에서 지혜를 발견하고 문제를 해결할 수 있는 적극적인 마음입니다. 그러기에 피조물인 사람은 해결할 수 없는 문제도 하나님은 반드시 해결하실 수 있다는 굳건한 믿음의 마음입니다. 결국 하나님만 절대적으로 신뢰하면 하나님께서 피조물인 사람을 통해서 큰일을 이루실 수 있다는 확신이 가득 찬 마음입니다. 이것은 **영적 자신감의 또 다른 모습**입니다.

아무 것도 염려하지 말고 다만 모든 일에 기도와 간구로, 너희 구할 것을 감사함으로 하나님께 아뢰라 7 그리하면 모든 지각에 뛰어난 하나님의 평강이 그리스도 예수 안에서 너희 마음과 생각을 지키시리라 8 끝으로 형제들아 무엇에든지 참되며 무엇에든지 경건하며 무엇에든지 옳으며 무엇에든지 정결하며 무엇에든지 사랑 받을 만하며 무엇에든지 칭찬 받을 만하며 무슨 덕이 있든지 무슨 기림이 있든지 이것들을 생각하라 9 너희는 내게 배우고 받고 듣고 본 바를 행하라 그리하면 평강의 하나님이 너희와 함께 계시리라 10 내가 주 안에서 크게 기뻐함은 너희가 나를 생각하던 것이 이제 다시 싹이 남이니 너희가 또한 이를 위하여 생각은 하였으나 기회가 없었느니라 11 내가 궁핍하므로 말하는 것이 아니니라 어떠한 형편에든지 나는 자족하기를 배웠노니 12 나는 비천에 처할 줄도 알고 풍부에 처할 줄도 알아 모든 일 곧 배부름과 배고픔과 풍부와 궁핍에도 처할 줄 아는 일체의 비결을 배웠노라 13 내게 능력 주시는 자 안에서 내가 모든 것을 할 수 있느니라(빌 4:6-13)

(2) 하나님의 예언과 계시에 민감한 사람이 됩시다.

하나님께서는 기록된 말씀(Logos) 안에서 우리에게 예언하고 계십니다. 하나님께서 사람이 얼마나 귀중한 존재인지 성경을 통해 예언하고 계십니다. 하나님은 피조물인 사람을 그분과 교제를 나누는 유일한 존재로서 하나님의 명령에 순종할 수 있는 영광된 존재로 만드셨습니다. 하나님께서는 오직 피조물 중에서 사람에게만 양자의 영을 주셨습니다. 천사도 또한 거룩한 영을 지닌 영적 존재입니다. 그러나 천사는 하나님께서 부리는 영으로 창조하신 것입니다. 오직 사람에게만 자녀의 영을 주셨습니다. 이 영Spirit은 예언과 계시를 통해 하나님과 교제를 나누는 영靈, spirit입니다.

거룩한 영적 존재인 천사장 루시퍼와 그의 영적 무리가 하나님께 불순종하고 타락하면서, 그들은 하나님께서 다스리시는 하나님의 보좌로부터 쫓겨나서 2층하늘 우주에서 살게 되었습니다. 이 무리를 '사탄의 회'라고 합니다. 성경은 마귀와 그 세력을 공중권세를 잡은 자라고 표현합니다. 그러므로 2층 하늘은 영적 세계인 동시에 음부의 세계로 움직이고 있습니다.

사람이 창조되기 이전에 이미 천사의 무리가 하나님께 불순종함으로 죄가 우주에 만연했습니다. 그래서 하나님은 타락한 천사들을 2층 하늘로 내쫓으시고 그 이후로 하나님께서 하나님과 영적 교제를 나눌 사람을 세상에 새롭게 창조셨습니다. 하나님은 그분의 권위 아래서 혼돈 가운데 있는 세상을 질서cosmos 가운데 6일 동안 창조하셨는데, 그때 여섯째 날 창조된 사람은 **아직 죄를 모르는 온전한 피조물**이었습니다. 하나님이 사람을 흙으로 만드시고 그 코에 살아 있는 영을 주실 그때 사람에게는 죄가 머물러 있지 않았습니다. 하나님은 사람을 이전에 전혀 없었던 존재로서 그 무엇으로부터 영향을 받지 않은 근본적으로 깨끗한 존재로 만드셨습니다. 처음 사람 아담과 하와는 우주에 죄가 가득 차 있음에도 불구하고 죄가 무엇인지 알지 못했습니다. 그리고 죄sin와는 아무런 연관도 없었습니다. 왜냐하면 하나님은 사람을 지금까지 존재하던 어떤 존재와도 비교될 수 없는 새롭고 귀중한 존재로 창조하셨기 때문입니다.

사람은 땅을 지배하고 다스리며 생육하고 번성하고 충만하여 하나님과 온전한 교제를 직접 나눌 수 있는 유일한 존재로 지음받고, 부름

calling을 받았습니다. 그런데 마귀와 그의 세력이 그들을 유혹할 때 그 꼬임에 넘어가 허물이 드러나고 그 허물이 온 우주에 가득 차 있던 죄를 이 땅에 불러들였습니다. 그래서 육체는 살아 있어도 영은 타락한 천사들과 같이 하나님과 하나님 나라에 대하여 죽은 존재가 되었습니다. 그리고 영원한 존재로 지음받은 사람의 육체도 흙으로 돌아가는 심판을 받게 되었습니다.

그럼에도 불구하고 하나님은 이러한 사람을 구원하시기 위해 구원 사역을 시작하셨습니다. 하나님의 구원사역은 모든 성경 이야기의 줄거리입니다. 창세기에서 요한계시록에 나타난 하나님의 예언은 모두가 온전한 구원을 주시기 위한 사랑의 메시지입니다. 그것은 바로 한 사람 한 사람에게 살아 있는 현재적인 말씀Rehma으로 나타나는데, 이것을 계시revelation라고 합니다. 계시는 온전한 구원을 위해서 주시는 하나님의 구체적인 사랑의 메시지입니다. 모든 성령의 은사도 계시 안에 속한 부분적인 사랑의 메시지입니다. 그러므로 성경의 예언과 계시는 모두 온전한 구원을 위한 것입니다. 그러기에 우리는 온전한 구원의 시작과 완성을 위해 영의 속성을 깨닫고 성숙한 영적 생활을 유지해 나가야 합니다. **사람이 육체를 유지하기 위하여 먹고 마시고 입어야 하듯이 영을 위해서도 예언을 먹고 계시를 마시고 사랑을 입어야 합니다.** 그래서 사랑의 열매로 시작되는 성령의 열매를 맺어야 합니다. 피조물인 사람은 예언을 소중하게 여기며 계시에 민감해서 하루하루 사랑의 열매를 확인하며 살아야 합니다. 이것이 바로 생활구원을 이루는 그리스도인의 영적 생활입니다.

(3) 하나님과 교제를 나눌 수 있는 영적 주파수를 발견하십시오.

교회공동체의 영성을 한마디로 표현한다면 **'하나님의 말씀을 잘 알아듣는 것'**입니다. 하나님께서 그분의 사람들에게 주시는 오늘의 말씀을 들을 수 있어야 합니다. 하나님의 말씀은 이성, 감정, 그리고 의지를 통해서 이해할 수는 있으나, 쉽게 들을 수는 없습니다. 오직 영으로 교제해서 직접 들어야 합니다. 그러기 위해서는 하나님과 교제를 나누기 위한 **영적 주파수**를 발견하는 것이 무엇보다 시급하고 중요합니다. 구원받은 사람은 하나님께 영으로 노래하고 간구하며 대화를 나누며 말씀을 받아야 합니다. 방언, 방언통역, 예언 등이 여기에 속합니다.

> 그러므로 너희도 영적인 것을 사모하는 자인즉 교회의 덕을 세우기 위하여 그것이 풍성하기를 구하라 13 그러므로 방언을 말하는 자는 통역하기를 기도할지니 14 내가 만일 방언으로 기도하면 나의 영이 기도하거니와 나의 마음은 열매를 맺지 못하리라 15 그러면 어떻게 할까 내가 영으로 기도하고 또 마음으로 기도하며 내가 영으로 찬송하고 또 마음으로 찬송하리라(고전 14:12-15)

그러므로 방언은 믿는 자들을 위하지 아니하고 믿지 아니하는 자들을 위하는 표적이나 예언은 믿지 아니하는 자들을 위하지 않고 믿는 자들을 위함이라 23 그러므로 온 교회가 함께 모여 다 방언으로 말하면 알지 못하는 자들이나 믿지 아니하는 자들이 들어와서 너희를 미쳤다 하지 아니하겠느냐 24 그러나 다 예언을 하면 믿지 아니하는 자들이나 알지 못하는 자들이 들어와서 모든 사람에게 책망을 들으며 모든 사람에게 판단을 받고 25 그 마음의 숨은 일들이 드러나게 되므로 엎드리어 하나님께 경배하며 하나님이 참으로 너희 가운데 계신다 전파하리라(고전 14:22-25)

그런즉 내 형제들아 예언하기를 사모하며 방언 말하기를 금하지 말라 40 모든 것을 품위 있게 하고 질서 있게 하라(고전 14:39-40)

성경에 나타난 모든 인물은 이러한 영성을 지닌 사람들입니다. 아브라함, 이삭, 야곱, 요셉, 모세, 여호수아, 사무엘, 다윗, 다니엘, 사드락, 메삭, 아벳느고, 예수님에게 향유를 부은 마리아, 가룟 유다를 제외한 부활을 경험한 예수님의 제자들, 맛디아, 초대교회 지도자들과 사도 바울, 그리고 구약과 신약에 나타난 모든 선지자들은 하나님과 직접 교제를 나누는 영적 주파수를 발견한 사람들이었습니다.

그래서 그들은 영으로 예언과 계시를 받았습니다. 그런 후 **영이 받은 말씀을 혼에게 전달하여 결단하고 말씀 그대로 실천하였습니다.** 이것이 교회공동체에서 말하는 순종입니다. 이것이 교회공동체의 영성입니다. 혼의 판단으로 결정해서 실천하면 마귀와 그 세력의 사역, 곧 불순종의 사역을 하게 됩니다. 혼의 판단은 결국 공중 권세 잡은 자에게 복종하게 됩니다. 일반 종교는 이 차원의 영성에 머물러 있습니다. 왜냐하면 일반 종교의 영성은 이미 마귀 세력의 강권적인 지배 아래 있기 때문입니다. 일반 종교는 혼의 정화를 위한 정신적 수련에 불과합니다. 이것이 바로 일반 종교의 영성의 한계입니다. 일반 종교에서도 초자연적인 역사가 일어납니다. 왜냐하면 마귀와 그 세력은 하나님의 사역을 수행하던 천사가 타락한 영적 능력을 가진 존재이기 때문입니다. 일반 종교의 영성은 이지적이고 논리적으로 접근하기 때문에 쉽게 이해됩니다. 그러나 이 영성은 우주에 국한된 공중 권세 잡은 자 안에서의 영성입니다. 이 영성은 멸망에 이르는 영성이며, 죽음의 영성입니다.

그런 반면 하나님의 영으로 거듭난 영靈이 혼soul과 육체body를 다스리며 순종하는 사역은 영혼을 살리는 강력한 영적 무기로 발전합니다. 그러기에 하나님께서 말씀하시는 모든 것을 주의 깊게 들은 후에는 그대로 순종하는 육체의 연습이 필요합니다. 그러기 위해서는 하나님과 교제를 나누는 기쁨을 맛보아 알아야 합니다. 이것이 '경건'입니다. 그리고 계속해서 하나님과 교제를 깊이 나누기 위한 결심을 지금 다시 새롭게 하십시오. 이것이 바로 '거룩'입니다. 거룩함으로 경건에 이르는 비결은 사랑의 열매를 맺는 것입니다. 하나님께서 예언과 계시를 주시는 목적은 모두가 온전한 구원 안에서 사랑의 열매를 맺기 위한 것입니다. 사람의 노력으로 사랑의 열매를 맺는다면 아직도 하나님의 온전한 사랑을 깊이 알지 못하는 것입니다. 이런 사람은 아직도 종교적인 그리스도인으로 생활하는 것입니다. 온전한 그리스도인의 생활은 온 우주에 가득 찬 강력한 하나님 사랑의 포로가 된 생활입니다. 이것은 하나님과 교제가 깊어지면 발견되는 영적 능력입니다.

하나님과 교제를 나누는 영적 주파수를 발견한 후, 찾아오는 뚜렷한 현상은 느낌이나 말로 표현할 수 없는 하나님의 강권적인 사랑이 영과 혼과 육체에 깊게 자리 잡습니다. 그 강권적인 사랑은 하나님의 능력을 사모하는 사람들의 영혼과 육체를 통해 발산됩니다. 이 능력은 생명구원을 위해서라면 희생과 순교도 두려워하지 않습니다. 이것은 자신의 마음, 감정, 의지에 의해서 사랑을 실천하는 사람의 행위적인 노력과는 비교할 수 없는 차원의 엄청난 능력입니다. 그러므로 하나님의 사랑은 가장 큰 능력입니다. 천사의 말을 해도 이 능력이 없으면 아무것도 아닙니다. 아무리 큰 능력을 행하고 병 고치는 역사가 나타나도 강권적이고 압도적인 하나님의 사랑이 없으면 이 모든 것이 무거운 짐으로 변합니다. 능력 행함도 병 고치는 역사도 모든 것이 짐이 되고 자신의 자랑거리만 된다면 빗나간 사역을 수행하는 것입니다. 그리고 이러한 사역이 오래 지속되면 하나님께 불순종하거나 타락하여 하나님 나라에서 멀어지는 사람이 되고 맙니다.

그러므로 구원받은 사람은 하나님께로부터 오는 사랑의 능력으로 매일 성령의 열매를 점검하며 살아야 합니다. 모든 구원의 열매가 깊은 사랑의 결과로 맺어지는지를 반드시 확인해야 합니다. 하나님과 교제를 나누는 영적 주파수도 사랑의 깊이에 따라 크고 확실하게 발견됩니다. 이 능력 안에서 온전한 사랑의 열매를 맺으면서 개인적인 종말이나 세상의 종말을 사모하며 기다릴 때 온전한 구원이 완성되는 것입니다. 그렇게 되면 하나님의 나라가 하늘에서 이루어진 것 같이 땅에서도 이루어지는 것입니다.

참고도서

1. Biblia Hebraica Stuttgartensia, Dritte, verbesserte Auflage, Deutsche Bibelgesellschaft Stuttgart, 1987.

2. The Greek New Testament, Third Edition, United Bible Societies, 1983.

3. The New Oxford Annotated Bible, Oxford University Press, Inc., 1977.

4. The Charis Bible Commentary, All Books Revised, Christian Wisdom Press, 2005-2012.

5. 한글개역개정성경 4판, 아가페출판사, 2011.

지옥의 문을 두드리는 자칭 그리스도인

발행일 2024년 10월 5일 초판 1쇄 발행

지 은 이   김승진
발 행 처   선교횃불
등 록 일   1999년 9월 21일 제54호
등록주소   서울시 송파구 백제고분로27길12 (삼전동)
전   화   (02)2203-2739
팩   스   (02)2203-2738
이 메 일   ccm2you@gmail.com
홈페이지   www.ccm2u.com